BEI DUO FEN

贝多芬的故事

王艳娥◎主编

榜样的力量

榜样的力量是无穷的，好的榜样能给我们积极的思想、正确的行为、良好的习惯、完善的人格。树立了榜样就等于找到了自己前行的方向。

榜样是无比强大的力量源泉。

北方妇女儿童出版社

图书在版编目（CIP）数据

贝多芬的故事 / 王艳娥编著. -- 长春：北方妇女儿童出版社, 2010.2（2021.1重印）
（榜样的力量）
ISBN 978-7-5385-4371-1

Ⅰ.①贝… Ⅱ.①王… Ⅲ.①贝多芬, L.V.（1770～1827）—传记—少年读物 Ⅳ.①K835.165.76-49

中国版本图书馆CIP数据核字(2010)第020185号

贝多芬的故事
BEIDUOFEN DE GUSHI

出 版 人：刘 刚
责任编辑：张 力 刘聪聪 于 潇
开 本：650mm×960mm 1/16
印 张：12
字 数：128千字
版 次：2010年2月第1版
印 次：2021年1月第6次印刷
印 刷：三河市三佳印刷装订有限公司
出 版：北方妇女儿童出版社
发 行：北方妇女儿童出版社
地 址：长春市福祉大路5788号
电 话：总编办：0431-81629600

定 价：33.80元

序言

“江山代有才人出”，在人类历史的长河中，涌现出一大批影响世界的风云人物。他们或者是杰出的政治家，凭着超乎常人的坚强毅力为国家和民族的前途引路；或者是卓越的科学家，为探索自然奥秘、改善人类生活而不懈努力……总之，他们由于在某一方面做出了杰出的贡献，已成为历史长河中的航标，引领着人类走向更加深邃的精神世界和更加精彩的物质世界。

这套丛书不仅告诉你名人成功的事实，更重要的是展示他们奋斗的历程，展现他们在失败和挫折中所表现出的杰出品质，从中我们可以吸取一些有益的精神元素。

这套丛书具有以下几个特点：

一是人物全面。本套丛书精心选取了从古至今全世界40位具有代表性的政治家、科学家、文学家、艺术家……这些人物均在各自的领域做出了卓越的贡献，对人类历史产生了重大影响，因此被广为传颂。

二是角度新颖。本套丛书不是简单地堆砌名人的材料，而是选取他们富有代表性或趣味性的故事，以点带面，从而折射出他们波澜壮阔、充满传奇的人生和多姿多彩、各具特点的个性。

三是篇幅适当。每篇传记约10万字，保证轻松阅读。本套丛书线索清晰、语言简洁、可读性强，用作学生的课外读物十分理想，不会加重他们的负担。

四是一书多用。本丛书是一部精彩的名人故事集锦，能够极大地开阔青少年的视野，同时还可以作为中小学生的写作素材库。

培根说：“用名人的事例激励孩子，胜过一切教育。”榜样的力量是无穷的，而名人是最好的榜样，向名人看齐，你将离成功更近！

人物导读

贝多芬是德国历史上最伟大的音乐家之一。他出生于小城波恩的一个平民家庭，自小就显露出了音乐上的天赋，7岁便开始登台演出，26岁听觉开始日渐衰弱，这对于一位音乐家来讲是个致命的打击。晚年全聋，只能通过纸笔与人交流。他一生坎坷，没有建立家庭，独自一人度过了悲凉的一生。

孤寂的生活并没有使贝多芬沉默和隐退，他用自己的坎坷经历证明着一个信念：我要扼住命运的咽喉。在一切进步思想都遭禁止的封建复辟年代，贝多芬依然坚守“自由、平等、博爱”的政治信念，信仰共和，崇尚自由，通过言论和作品，为共和理想奋臂呐喊，写下传世名作《第九交响曲》，创作了大量充满时代气息和战斗精神的优秀作品，如交响曲《英雄》、《命运》，序曲《哀格蒙特》，钢琴奏鸣曲《悲怆》、《月光》、《暴风雨》、《热情》等。

贝多芬深受18世纪启蒙运动和德国狂飙（biāo）突进运动的影响，作品个性鲜明，较前人有了很大的发展。在音乐表现上，他几乎涉及当时所有的音乐体裁，大大提高了钢琴的表现力，使之获得交响曲的戏剧效果，也使交响曲成为直接反映社会变革的重要音乐形式。

贝多芬，大师之王。孤傲怪僻，桀骜不驯，才华横溢的悲剧式英雄，狂热追求永恒的浪漫主义音乐之父。胜利算得了什么？拿破仑的征战算得了什么？贝多芬赋予现代艺术英勇无畏的力量。他是苦难与拼搏的人最知心的朋友。当我们为悲惨世界致哀的时候，他会给予我们安慰；当我们在永无止境而又毫无结果的斗争中感到劳累时，他会带给我们乐趣。

CONTENTS 目录

第一章 天才的降临

▲ 音乐世家的宠儿/2
▲ 像莫扎特一样的神童/7
▲ 童年的创伤/11
▲ 喜遇两位名师/16
▲ 小荷才露尖尖角/20

第二章 破茧化蝶

▲ “为了挣口饭吃而工作，真难！”/26
▲ 拜访莫扎特/31
▲ 巨星的碰撞/37
▲ 痛失慈母/43
▲ “一切为了真理，一切为了自由”/46
▲ “他一演奏，大家都洗耳恭听”/51
▲ 苦涩的爱情/53
▲ “我还有更重要的使命”/59

第三章 青春的躁动

▲ 留学维也纳/66
▲ 展翅高飞/70
▲ 源于音乐的矛盾与感恩/75
▲ “上帝呀！这简直是魔鬼在演奏！”/82
▲ 我刚刚开始学习/88
▲ 独身的日子，仅仅是人生的一半/92
▲ 《英雄》、《悲怆》倾倒世界/96

CONTENTS

第四章 与命运抗争

▲ 听不见自己的音乐/102

▲ 与死神擦肩而过/107

▲ 用爱谱写“月光”的神话/109

▲ 震撼灵魂的打击/115

▲ 逃离现实/120

▲ 遗嘱背后的英雄/1123

▲ 重新出发/126

第五章 英雄年代

▲ 英雄的力量/130

▲ 《英雄交响曲》问世/133

▲ “那正是命运在敲门”/138

▲ 《费德里奥》/143

▲ 窘迫的生活/148

▲ 贝多芬与歌德/151

▲ 大自然给他灵感/156

第六章 喜剧终于结束了

▲ 通向艺术事业的真正道路就在于孤独/164

▲ “它出自内心，但愿能够深入人心”/168

▲ 最后的歌唱/173

▲ 灵魂的安宁/177

第一章

天才的降临

- 音乐世家的宠儿
- 像莫扎特一样的神童
- 童年的创伤
- 喜遇两位名师
- 小荷才露尖尖角

音乐世家的宠儿

1770年对于德国小城波恩来说，可是不平凡的一年，伟大的音乐家贝多芬在此诞生。

从这个婴儿呱呱坠地的那一刹那开始，上帝似乎已将多舛（chuǎn）的命运赋予在这个巨人的身上。

波恩位于莱茵河的西岸，城郊是一望无际的莱茵平原。18世纪70年代，这里是科隆亲王公国的所在地，也是公国的文化中心。

每到春天万物复苏之际，这里野花盛开，蜂蝶嬉戏其间，充满诗情画意。美丽的莱茵河如同一条蓝色的带子，曲曲折折缠绕着波恩这颗明珠。在当时，波恩城虽只有一万多居民，但也建立了民族剧院、公共图书馆和大学等。贝多芬幸运地出生在这座充满温情与诗意的文艺之城，而他的一生就如同莱茵河般奔流不息。

◎莱茵河：发源于瑞士境内的阿尔卑斯山，流经德国注入北海，是世界上最重要的工业运输大动脉之一。

关于贝多芬的家族史，我们可以追溯到15世纪。“范·贝多芬”氏的祖先们曾居住在今天的比利时一带，从事农耕，后来的几代人又相继在荷兰、卢森堡等地落户，随着时间的流逝，他们逐渐改变了自己的社会地位，有的成了商人，有的成了艺术家。其中在比利时的安特卫普附近落户的一支就是贝多芬的曾祖父米切尔·范·贝多芬。他是一个面包师兼手工艺编织商，后来破产，迁往外地谋生。

米切尔的一个儿子路德维希，也就是贝多芬的祖父（和祖父的名字一样，贝多芬也叫路德维希）是当时家族中的佼佼者。魏格勒曾在日记中写到老路德维希时说："他是一位身材不高、体格健壮、两眼充满生气的男人，是一位十分值得尊敬的艺术家。"他生于比利时的安特卫普，少年时的他血气方刚，难以忍受母亲的管束。由于年轻又有才华，不久便在选帝侯的宫廷乐队中担任乐师，1761年成为该乐队中的男低音歌唱师和乐队长。经过几年打拼，路德维希在波恩渐渐站稳了脚跟。后来，经人撮合与当地姑娘玛利亚结婚，并生下一子约翰·凡·贝多芬。

在当时，供职于宫廷的音乐家们收入菲薄，为了使生活不致于太过拮据，他们不得不在工作之余另找些活干。老路德维希也不例外，他除了做乐团指挥外，还开了一家小酒店，平时让妻子照顾，一家人的生活还算过得去。儿子约翰长大后，也有一定的音乐才华，声音洪亮，在宫廷乐团里担任高音歌手。约翰长得健硕漂亮，颇有几分潇洒，被宫廷女仆玛格拉雷娜看上了，两个人很快就结婚成家了。玛格拉雷娜朴实善良、温柔可人，是一位难得的贤妻良母。

1770年12月16日，玛格拉雷娜临盆，顺利地生下一个男孩儿。这无疑让当时在音乐上颇有名望的老路德维希激动万分，小贝多芬的相貌和哭声都像极了这位祖父，因此，全家人给他取了一个同祖父一样的名字——路德维希·凡·贝多芬。小贝多芬长到一岁多的时候，小身板已非常结实，圆圆的脸黑红黑红，眼睛不大却非常有神，高兴时眯成一条缝，

发怒时瞪得圆圆的，鼻子短而方，下嘴唇微微前突，好像一头小雄狮。

儿媳高兴地对老路德维希说："爸爸，孩子长得非常像您，发怒时的神情都和您一样。"老路德维希听罢，哈哈大笑，说道："我的孙子，怎能不像我！不只是长得像我，将来唱歌、指挥、作曲也像我，不，还要超过爷爷！"

也许是遗传因素的作用，长大后的贝多芬继承了祖父许多的性格特点：坚强的意志，桀骜不驯的性格，还有正直、热情、疾恶如仇的品德。因为贝多芬的出身比较复杂，血管中流淌的不纯粹是日耳曼人的血液，因此，对于他的性格，乃至后来他许多方面所表现出的不完全是日耳曼人的特征，也就不难理解了。

时间过得真快，小贝多芬已经学会说话了。

这一天，老路德维希闲来无事，便逗弄自己的小孙子玩儿。他把贝多芬放在地上，拉着他的小手问道："爷爷教你几首歌好不好？"贝多芬眨巴了一下眼睛，点点头。

老路德维希喜出望外，于是便开始教孙子学唱德国的儿童歌曲。只教了一遍，贝多芬就学会了，奶声奶气地唱起来，不但歌词正确，曲调也完全正确。老路德维希大吃一惊，想不到孙子的记忆力如此之佳、音乐感觉如此之好。他决定再试试这个小家伙，于是，又教了贝多芬一首比利时儿歌。如同上回一样，小贝多芬只听一遍就学会了。此时的小贝多芬似乎没有看出爷爷脸上惊讶的表情，仍然不满足，缠着爷爷要继续学唱歌。

老路德维希意识到孙子有罕见的音乐天赋，心里一动，就说："爷爷教你弹奏钢琴，好不好？"贝多芬拍着小手，高兴地说："太好了！爷爷教我弹琴吧！"

正在这时，贝多芬的父亲约翰醉醺醺地从外边回来。爷爷不满地看了约翰一眼，说："小贝多芬很聪明，我刚才教了他几首儿歌，他很快就学会了，他还想学钢琴呢！"然后扭头吩咐贝多芬："把学会的歌唱给你爸爸听！"果然，贝多芬一口气把几首儿歌从头唱了一遍。

约翰听罢，高兴地一把抱起儿子说："你真了不起！来吧，我教你弹钢琴。"

贝多芬闻到爸爸身上的酒味，感觉很难受，他噘着小嘴，就是不肯让爸爸抱，扭动着身子说："爸爸好臭啊！"

老路德维希用余光打量了一下这个一副邋（lā）遢（tā）相的儿子，语重心长地说："你一定要下决心戒酒，这个孩子浑身长满了音乐细胞，需要你好好培养。一个好酒贪杯的爸爸，可不是他的榜样啊！"约翰的脸刷一下子红了，说："好的，爸爸！我知道怎么做。"

原来，约翰虽然天资聪颖，在音乐上颇有几分才情，但他为人狂妄自大，自以为凭一点小聪明就能够出人头地。所以，他平时总是懒懒散散、不思进取。结婚以后，约翰更加肆无忌惮，整日在外面喝得烂醉如泥。要不是老路德维希的严厉，他早就不知堕落到了何种地步。

这一天约翰看到儿子这样聪明，深受震动，决心痛改前非，一心教导儿子成才。

此后，约翰真的变了一个人，他不再去酒馆鬼混，每天除了在合唱团里排练，就在家里陪着妻子。他不再沉溺于酒精，而把心思更多地花在教贝多芬唱歌、弹钢琴、拉小提琴上。约翰在乐团和剧院里的表现也出奇的好。由于戒了酒，嗓子比过去嘹亮了，衣衫也整洁了。每当排练时，他精神抖擞，风度翩翩。

改过自新之后，约翰的名声也越来越好，波恩的贵族争相聘请他做家庭音乐教师，这给他的家庭带来了可观的收入。老路德维希为此感到无比欣慰。

贝多芬两岁多的时候得过一次天花，但有惊无险，在母亲的精心照顾下，他躲过了死神。虽然脸上留下了一些难看的疤痕，但是身体反而更加健康。从此，爷爷更加喜爱自己的孙子，三天两头过来教他弹琴唱歌，祖孙俩沉浸在音乐中，其乐融融。

像莫扎特一样的神童

约翰爱交际，常常邀请音乐界的朋友来家做客，举行小型家庭音乐会。这对年幼的贝多芬来说是天底下最快乐的事情。在音乐聚会中，他就像一只采蜜的小蜜蜂，贪婪地吮吸着音乐的花露。

日子过得很快，不知不觉已是1773年底。这年的冬天格外寒冷，空中飘着鹅毛大雪，波恩城里一片热闹景象，家家都在为即将到来的圣诞节和新年忙碌着。然而对于贝多芬一家来说，圣诞节前还有一个重要的日子，那就是玛格拉雷娜的生日，12月19日。虽然，约翰平时在演出和排练之间奔忙，看似大大咧咧，无暇照顾妻子和孩子。但他也有细心的一面，他知道妻子平日里为这个家操碎了心，是一个难得的贤妻良母，尽管一直为疾病所折磨，但依然坚持照料家务，看着皱纹过早地爬上妻子原本美丽年轻的面庞，他的心中充满感激、愧疚和怜爱。因此，对于妻子的生日，他是无论如何都不会忘记的。每年到了这一天，他总要大张旗鼓地庆祝一番，让妻子高兴一下。

这天晚上，约翰早早就打发妻子上楼休息，自己则偷偷地开始布置客厅。小贝多芬也兴奋地跟着爸爸跑前跑后，脸上洋溢着幸福的光彩。不一会儿，房间里就挂满了五颜六色的彩带。一株为圣诞节准备的小桂树庄重地占据着屋子的一角，二十几把椅子齐刷刷地排成几排，周围摆满了鲜花，芳香四溢。这时，响起了敲门声，贝多芬开门一看原来是约翰请的乐师们来了。约翰赶忙迎上去，指指楼上，轻声告诉大家不要出声。朋友们当然明白约翰的意思，纷纷捂住嘴巴，轻手轻脚地走进来，各自找位置坐下来。

一会儿，约翰牵着妻子的手走下楼梯，两人的脸上都洋溢着甜美的笑容。就在这时，客厅里响起了音乐。小贝多芬呆呆地站在那里，体会着眼前这美好的一幕，看着比平时更加美丽的母亲和容光焕发的父亲，听着动听的音乐，他的心里充满了幸福。

音乐声惊醒了早已入睡的邻居，他们纷纷穿起睡衣，揉着眼睛，来到贝多芬家里看热闹。几首曲子过后，约翰端上来各式各样的糕点招待客人，大家纷纷举杯庆贺女主人的生日，玛格拉雷娜脸上不由地泛起了幸福的红晕。紧接着，这些平日里活泼好动的音乐家，在美酒的陶醉下，纷纷起身，脱掉厚重的外套和皮靴，光着脚在地板上跳起舞来。小贝多芬也不甘示弱，他特别兴奋，随着大人们唱啊，跳啊，弹啊，大家都为他的音乐天赋而惊讶，夸他是一个像莫扎特一样的“小神童”。贝多芬十分兴奋，以至曲终人散之后，还在独自哼唱音乐会上听到的曲调。

约翰也再次为儿子的音乐天赋而惊讶。他想：我以后一定要好好培养他，让他超过那个被誉为“神童”的莫扎特！

这个大胆的想法使约翰激动万分。因为在当时，维也

◎莫扎特：奥地利作曲家，欧洲维也纳古典乐派的代表人物之一，一共创作了22部歌剧、41部交响乐、42部协奏曲、一部安魂曲以及奏鸣曲、室内乐、宗教音乐和歌曲等作品。

纳的莫扎特已经名扬天下，不要说与莫扎特同龄的儿童，就是一般的成年乐手也难以与莫扎特匹敌，更别说年纪较莫扎特小的贝多芬了。但是，约翰相信，凭着儿子的天赋和自己的培养，肯定会使小贝多芬成为比莫扎特更令人瞩目的“神童”。约翰恍惚间仿佛看到了一个令他无比荣耀的场面：众人簇拥着他和儿子，如众星捧月一般，鲜花、掌声潮水般向他们涌来。当然，还有叮当作响的金币，这可是他们一家现在最需要的。也许你会对约翰过分的自负感到诧异，即便成了真正的音乐家，一切就真的能像他幻想的那样变得美好吗？在这里，我们不得不提到一个重要的社会问题——当时的波恩城上层贵族对音乐艺术十分重视。

统治这个城市的选帝侯，是一位典型的18世纪的贵族，他举止优雅、风度翩翩，喜好文化和艺术，总是慷慨地赞助歌剧和戏剧。选帝侯对于音乐更是喜爱和精通，所以对音乐人才大加笼络。在他的统治下，波恩被建设得越来越美丽，越来越

◎选帝侯：德国历史上的一种特殊现象。这个词被用于指代那些拥有选举德意志国王和神圣罗马帝国皇帝的权利的诸侯。此制度严重削弱了皇权，加深了德意志的政治分裂。

富有艺术气息，很快便成为了德国著名的文化艺术中心。他组建并扩大了合唱团，不惜重金请来许多真正优秀的音乐家来扩大它的影响力、提高它的地位。约翰本人早已受到了这种氛围的影响，选帝侯听说他嗓音嘹亮动人，出身于音乐世家，便把他请到自己的宫廷，由此可见选帝侯对音乐的热爱。

那时的波恩汇集了大批音乐人才，如点点繁星照耀着波恩的天空。更为重要的是，在波恩，上至贵族下至平民，对音乐都有着狂热的爱好，从而使波恩日后成为有史以来最伟大的音乐家的故乡。这种文化氛围大大促进了波恩小城在音乐艺术上的发展，同时也对小贝多芬的成长起着举足轻重的作用。

正因为这样，约翰才对贝多芬的音乐前途满怀信心。从此之后，他更加不敢放浪形骸，把尽可能多的时间和精力花在贝多芬身上，为了儿子，也为了自己，努力练习着。聪明的小贝多芬也没有辜负上天赋予他的才华，进步神速。

原以为小贝多芬会在这样幸福的环境中一直快乐地走下去，命运之神却吝啬地不肯给他更多的呵护，不幸的阴影正悄悄向他逼近。

童年的创伤

圣诞节过后不久，慈祥的祖父老路德维希撒手离开了人世。这对当时只有3岁的贝多芬和他的父母来说是一个巨大的打击：约翰失去了管束；贝多芬再也得不到祖父的疼爱和耐心的教导；更可怕的是，家庭收入减少了，家里的环境一天不如一天。

前面我们说过，贝多芬的父亲约翰，个性轻浮，好夸夸其谈，缺乏自制力，既不善于持家理财，也不乐于在音乐艺术上精益求精。之前因为有了老父亲严厉的看管，他的性格才渐渐好转。这下老路德维希一死，约翰又成了一匹脱缰的野马，没有人束缚他，他又开始酗酒，整日烂醉如泥。每次喝醉之后就倒在马路上不省人事，不是被好心的邻居送回家，就是被警察带到警察局。久而久之，他清亮的嗓子变坏了，再也没有资格担任独唱，只能勉强留在宫廷的乐团里做个合唱歌手，薪俸收入也很微薄。事业和家庭在瞬间毁于一旦。

贝多芬的母亲玛格拉雷娜，在贝多芬4岁时，生下了第二个儿子卡尔。两年之后，即1776年，又生了第三个儿子小约翰。随着家里人口的增加，开支越来越大，而父亲约翰因为酗酒，早已把家里的积蓄挥霍一空，入不敷出，经济非常拮（jié）据，只能靠典当旧家具和衣物过日子。虽然能干的玛格拉雷娜终日精打细算，然而巧妇难为无米之炊，无论她如何节俭，生活总是不见转机。

懂事的贝多芬稍大一点，就知道帮助妈妈照看弟弟，干一些提水、扫地之类的简单家务。

父亲约翰喝醉了酒，回到家里就发酒疯，借着醉意把一家人弄得鸡飞狗跳。他不是骂妻子，就是打贝多芬耳光，发泄心中对生活与事业的失落与不满。也许，正是小的时候挨了父亲太多的耳光，才导致了贝多芬日后的失聪。

贝多芬6岁的时候，父亲把他送到一所公立学校读书。

约翰对他的学习成绩漠不关心，在他看来，只有学习音乐和练琴才是贝多芬最重要的功课。此时，前途灰暗的约翰把出人头地的希望寄托在儿子身上。

他觉得，儿子身上承载着自己未完的音乐理想。而为了让贝多芬完成自己的理想，他每天强迫贝多芬进行超负荷训练。还想入非非，决心要把儿子训练成莫扎特第二，希望靠儿子的音乐表演来赚取大把的钞票。遗憾的是，这位粗鲁的父亲并不承认自己的钢琴水平不高，远不如他的歌唱得那么好。而且，他急于求成，恨不得一下子就把自己所知道的知识一鼓脑儿全部灌输到儿子的脑袋里。他总是不断地给小贝多芬留大量高难度的练习，要求他每天练习数个小时，如果达不到他的要求，轻则怒目而视，重则拳脚相加。

因为有太多这样不合理的练习，小贝多芬常常练琴到深夜。有一天，疲惫的贝多芬实在支持不住了，练着练着，就趴在钢琴上睡着了。不巧让父亲逮个正着，结果雨点般的拳头落在了年幼的贝多芬身上。

粗暴的约翰并不考虑小贝多芬实际的接受能力，他总是想：莫扎特可以做到的，我的儿子一定可以做到！但实际上，贝多芬要比莫扎特小好几岁。就因为约翰操之过急，小贝多芬曾经一度对他最爱的音乐极为反感，他的音乐生涯差点儿就毁在父亲手上。

1778年3月26日，约翰在贝多芬7岁零3个月的时候，为了实现他的梦想——造就第二个神童莫扎特，有意少报了贝多芬的实际年龄，在科隆为“6岁”的贝多芬举行了公开的音乐演奏会。

这天下午5时，在约翰的精心安排下，贝多芬第一次登台表演了。他熟练地演奏了钢琴协奏曲和三重奏，赢得了阵阵喝彩。选帝侯出席了音乐会，充满灵气的贝多芬很讨他的喜欢。但这次演出的结果让约翰很失望，小贝多芬并没有像他预期的那样声名鹊起，在波恩，贝多芬父子并没有引起太大的轰动。约翰想要出人头地的梦想破灭了，但是他并不甘心，仍然不断为贝多芬寻找机会。

在那次音乐演奏会的3年后，即1781年，11岁的贝多芬又被父母拉着一同去国外做旅行演出。他们去了荷兰的鹿特丹。然而，同之前一样，他们没有获得多少掌声，也没有赚到多少钞票。这令全家人都再一次感到失望。所以，当贝多芬从荷兰回来后，稚气的他坚决地表示："我这辈子再也不到那里去了。荷兰人是小气鬼！"

不得不说，在贝多芬的童年时代，音乐教育对他来说就像一个噩梦，是父亲硬塞到他的脑子里去的，而不是由他的天性自由吸吮的。所以，父亲的这种急功近利的教育非但没有助长他的才华，反而伤害了他的天赋。而且因为父亲对他在学校的成绩一点都不关心，他的学习一团糟。他本来有希望表现得像莫扎特一样棒，但事实上，在所有人眼里，他不过是一个很平凡的孩子。

再后来，由于父亲酗酒，挣来的钱越来越少，花掉的钱越来越多，家里的状况变得越来越差，贝多芬11岁时便被迫休学了。那时他仅仅懂得一点儿初级的拉丁文，知道一点儿算术和简单的德文，其他的便一无所知了。也因为贝多芬少年时期经历了比同龄人更艰苦的磨难，他很早就具有一种自立自强的精神。由于学业上缺乏老师的指点和教导，贝多芬不得不靠自己来完成学业，这种强烈的求知欲伴随他的一生。后来长大了的他完全是靠着坚强的意志，通过自己的努力，在智力及学识方面才有了广泛的发展和提高，并且了解了当时在哲学和科学方面取得的新的理论和成就。

童年的这种不幸不仅对贝多芬的早期教育造成了伤害，而且对贝多芬的人生也产生了重大影响，尤其是给他的心理和精神上留下了永远无法弥合的创伤。也正因为如此，他很早就养成了孤僻的性格和独自思索的习惯。他能够一连好几个钟头独自徘徊在郊外美丽如画、清新怡人的林荫小道上，陷入无限的冥想与思索之中。每当这时，宇宙的深远和大自然的无穷魅力都深深地触动了贝多芬内心最深处的心弦。这些来自大自然的召唤，在他那受伤的心灵中激起神圣而崇高的情感，给他留下了强烈的、刻骨铭心的印象。只有这样，他才能驱散笼罩在心中的阴影，在尘世间的种种不幸中得到解脱。直到成年以后，每当精神危机到来之时，他对于大自然的发自内心的爱和充满诗意的体验，都帮助他治愈心灵上的伤口。

所幸，这一切并没有使小贝多芬的音乐才华夭折，从他出生那天起，他就和音乐结下了不解之缘，音乐早已融化到他的血液中，成为了他生命中不可分割的一部分。

当时波恩的文化气氛和社会生活都非常适合贝多芬，因为在那里，选帝侯们大多都是一些非常开明的、喜爱音乐艺术的教会君主，这为贝多芬在音乐方面的发展提供了一个良好的条件。年轻的贝多芬在这样的社会生活和文化氛围中，耳濡目染的都是当时优秀的教会音乐（宗教音乐）、管弦乐和歌剧，这是贝多芬得天独厚的优势条件。

喜遇两位名师

童年的小贝多芬虽然有上天赐予的音乐才华，却并没有受到过真正的音乐教育。是贝多芬的爷爷和爸爸，将贝多芬带入了音乐的殿堂，让年幼的贝多芬第一次感受到了音乐的魅力，激发了他灵魂深处对音乐的热爱。但是我们知道，比起爷爷来，父亲是一个不称职的老师。虽然他自视甚高，但有的时候他也清楚，要想让贝多芬在音乐上有所建树，仅凭自己的教育是远远不够的。于是，心急的约翰先后为贝多芬物色了数位老师，尽管这些老师们都尽心尽力地指导贝多芬，可结果总是不尽如人意。

1778年，波恩成立了一家国立剧院。该剧院从柏林请来了当时许多著名的艺术家。其中有位叫菲费尔的年轻人赢得了约翰的信任和佩服，他既会唱歌又会演奏各种乐器，可谓是多才多艺，两个人很快便成了莫逆之交。菲费尔是个单身汉，在波恩没有合适的住所，因此，热心的约翰把朋友接到家中，安排在一间空置的小屋中。

偶然间，在一次听完贝多芬的演奏之后，菲费尔意外地

发现贝多芬有着无与伦比的音乐才华。他走到小贝多芬面前，抚摩着他的头，激动地说："好样的，孩子，你将来一定会成为一个了不起的人物。"

一旁的约翰闻听此言非常得意，想到连菲费尔这样杰出的艺术家都夸赞儿子，他忍不住自豪地说："他是我手把手教出来的。"

听了这话，菲费尔反而一愣，问道："难道没有一个专业的钢琴老师来教他吗？"这句话如同一盆冷水泼在正处于兴头的约翰头上，急躁的他顿时十分恼火，厉声反问道："难道您认为我没有资格教我的儿子吗？"

菲费尔笑了，连忙解释说："亲爱的约翰，很对不起，您误会了。我的意思是说，在声乐上你很有天赋，但说到教钢琴又是另一回事了，因为这需要很多理论知识，还要有教育儿童的经验，这正是你所欠缺的。你的儿子有很好的天赋，现在所缺少的是科学的培养，他需要一个内行的专业教师。"

听罢，约翰虽然满心不快，但嘴上不得不承认菲费尔的话说得很有道理。出乎贝多芬父子意料之外的是，菲费尔主动提出做贝多芬的音乐教师，这让贝多芬和他的父亲都惊喜不已。

菲费尔是一个颇有创造精神的年轻人，他明白约翰的教育方法是不妥当的，于是转变了对贝多芬音乐教育的方法。刚开始的时候约翰并不乐意菲费尔这样做，但他本身非常崇拜菲费尔，对菲费尔的话几乎到了言听计从的地步，因此便同意菲费尔按照他的计划对贝多芬进行教育。

那时，虽然贝多芬只有9岁，可菲费尔发现贝多芬常喜欢自己写一些小曲子，于是就鼓励他大胆地进行创作。有时贝多芬也会要求菲费尔吹长笛，他自己就用钢琴弹出种种变奏。师生配合非常默契，吸引了街上的行人在约翰家的窗下驻足倾听。有时这些行人听得入了迷，常误以为自己置身在音乐会中，听到精彩的地方甚至拍手叫好。可惜的是，好景不长，一年之后，剧院解雇了菲费尔，无路可走的他只好在一个清晨匆匆离开波恩，临行时甚至没有向贝多芬一家告别。

此时，贝多芬也已经休学了。经过了之前菲费尔的点拨，从此他更是一门心思地扑在音乐上。正在他为失去了老师而烦恼的时候，约翰了解到波恩著名的塞莱尔剧团有个音乐指挥叫聂费，他是一位出色的音乐家。约翰认为只有这样的人才配教他的天才儿子，于是向聂费提出了请求。没想到，同菲费尔一样，聂费一下子就喜欢上了这个充满灵气的孩子，欣然答应做贝多芬的指导老师。

聂费来到波恩两年多，由于他的影响，波恩音乐界出现了全新的风气。选帝侯为了把聂费留在波恩，诚邀聂费做教堂的乐师，指定他为宫廷风琴师伊登的继任人选。

聂费在音乐上造诣极深，他给贝多芬上第一课后就发现，贝多芬虽天资过人，却没有得到良好的、系统的训练，琴技没有得到充分的发展。所以，聂费决定以巴赫的钢琴著作《关于钢琴的真正方法尝试》作为基础教材，对贝多芬进行系统的教学。

◎巴赫：约翰·塞巴斯蒂安·巴赫，德国作曲家，伟大的“西方音乐之父”。是将西欧不同民族的音乐风格浑然溶为一体的开山大师。他萃集意大利、法国和德国传统音乐中的精华，曲尽其妙，珠联璧合，天衣无缝，对后来将近三百年整个德国音乐文化乃至世界音乐文化产生了深远的影响。

众所周知，巴赫的钢琴曲艰涩难懂。他的乐曲极富表现力，独具特色的顿音和徐缓深沉的旋律所表达的情感美很少有人能够准确掌握。不经过深刻的研究和反复的弹奏，便无法体会到其蕴藏的丰富情感，更无法领悟到其艺术美。弹好了巴赫的曲子，其他人的作品自然也就不在话下了。

贝多芬的确是个天才，他似乎生来便与巴赫的乐曲有着不解之缘。一接触到巴赫的乐曲，这个年仅11岁的男孩就以无比的热情投入了弹奏。在贝多芬的诠释下，巴赫乐曲的巨大感染力被淋漓尽致地表达了出来。这种超凡的美，起初连老师聂费也没有发现。一段时间之后，聂费才惊讶地发现在小贝多芬强有力的演奏里，蕴藏着一股强大的感情炽热的风暴，这是一阵叛逆与创造的旋风，一种不断追求革新的精神，他为此感到深深的震撼。

不得不说，直到受教于聂费，小贝多芬才算遇到了第一个真正了解自己内心的人，从此他如鱼得水，尽情畅游在音乐的海洋里。

小荷才露尖尖角

此刻，聂费更加清醒地认识到了贝多芬的天赋：这个孩子虽然认识低音谱号不久，而且对和声学几乎一无所知，但总能不可思议地迅速理解并且记住一切，他的记忆力之好实在令人惊讶。当然，他也清楚，任何时候仅仅有记忆力是远远不够的，记忆毕竟只是一种工具，它不过是为创造服务的。于是，聂费很快便开始指导贝多芬进行作曲。

有一次，贝多芬把自己根据德莱斯勒的进行曲改编而成的一首钢琴奏鸣曲拿给聂费看。信心满满的贝多芬满以为会得到老师夸奖，但聂费看过之后却语重心长地批评他说："孩子，你写得太空泛了。不能完全照搬作者的主题，应该表达自己内心的真实情感。"小贝多芬的心里虽有些不快，但坚强的他并不愿就这样认输。

不久，贝多芬又交给聂费一首曲子。与上一次的乐曲不同，它的旋律狂暴激烈，每一小节都是对传统作曲法则的挑战。聂费听完贝多芬的弹奏之后默然良久，他第一次听到这么不和谐的音乐，就能从中看到贝多芬内心世界的混乱，他知道贝多芬已经在用音乐直抒胸臆了。

此时聂费想：到了用正确方法引导贝多芬进行创作的时候了。他向贝多芬强烈推荐了巴赫的《十二平均律钢琴曲集》。这本曲谱看似简单实则深邃无比，贝多芬练习了好几个月，终于慢慢体会到了音乐中还有更深层次的奥秘。

聂费在通过巴赫的作品为贝多芬打下了坚实的基础之

后，紧接着便向他介绍当代有名的钢琴曲。热情的聂费首先介绍了史特克尔的作品，这位音乐家喜欢创作高雅的轻音乐，其作品深受贵夫人们的喜爱；他还向贝多芬介绍了自己的作品，这些作品感情强烈真挚，富有革新精神，对新的钢琴奏鸣曲的发展起到推波助澜的作用。同时，聂费还结合各国音乐家的名曲，系统地向贝多芬讲解了作曲的理论，使贝多芬的作曲水平有了长足进步。

一天，聂费对贝多芬说："你还应该懂得一些管弦乐的知识。"

贝多芬很惊讶，瞪着好奇的眼睛问："为什么？"

聂费说："如果你想要成为一个伟大的音乐家，你的知识既要专业又要全面。就如同一棵大树，专业知识是它的树干、树冠，而更加广博的知识好比扎在土壤里的主根、支根和须根。"

贝多芬欣然同意，说："老师，我明白了！"

聂费是管弦乐队的指挥，他不止一次带着贝多芬参观宫廷管弦乐队的排练。聂费首先向贝多芬介绍了乐队的组成，然后拉着他的手在乐队间走来走去，认真告诉他每一种乐器的名称、用途、音色的特点等。最后又耐心地给贝多芬讲解各种乐器应如何有机地搭配以及配器艺术的一般原则。

后来聂费又带着贝多芬听了几次高水平的音乐会。贝多芬聆听着乐队的演奏，好像作曲家就站在他的身前，面对面地向他倾诉自己的胸怀情愫。贝多芬也随着乐曲的不断变幻而心潮起伏。这时的贝多芬深深体会到了音乐的无边魔力，更加坚定了为之奉献一生的决心。

经过一段时间的历练之后，聂费觉得此时的贝多芬是该踏入社会、接受大众评定的时候了，他期待人们能够注意到这颗新星的升起。

不久，贝多芬在恩师聂费的指导之下发表了他的处女作，封面上写着：根据德莱斯勒尔先生的一首进行曲谱写的钢琴变奏曲——献给沃尔大·摩大尼西大人。作曲：路德维希·凡·贝多芬。

作品一出，便在音乐界引起了巨大的反响，随后不久的一本音乐杂志上发表了一篇评介贝多芬的文章，其中写道：“贝多芬，中音歌唱家的儿子，11岁，公认的天才。他的钢琴演奏富有力度。他对乐谱了如指掌，能演奏巴赫《十二平均律钢琴曲集》中的绝大部分，那是由聂费先生亲自传授的。对于任何一个稍有音乐常识的人来讲，这本曲集的难度是不言而喻的。最近，在聂费先生的精心调教下，贝多芬开始尝试作曲。他的一首根据进行曲谱改编的钢琴曲已经出版了。我们有充足的理由相信，如果这位少年天才能够一如既往，继续不断地精益求精，他将来一定能成为莫扎特第二的。”其评价之高显而易见。

◎钢琴曲集：十二平均律是一种律制，即是把一个八度分成相对均等的12个音程，每一个音程规定为半音，两个半音为一个全音。

伊登先生在1782年6月不幸谢世，聂费顺理成章地继承了他的职位。此时贝多芬在演奏和作曲方面已经崭露头角，而聂费又忙着乐团的排练和舞台的管理工作，他安排自己的

得意门生贝多芬做助理，决心把贝多芬培养成乐队指挥，一方面可以给自己节省出时间，把主要精力放在剧院里，另一方面可以让贝多芬接触更加广泛的音乐知识。

每天乐队排练时，聂费总是让贝多芬站在自己的旁边观察、模仿。就这样一直过了许多天，聂费让贝多芬试着上台指挥。让老师高兴的是，贝多芬对指挥非常感兴趣，他觉得手中的指挥棒就像一支魔棍，自己就像那个施展魔法的魔法师，只要用它对着某一部分轻轻一点，某一部分人就立即演奏起来，仿佛自己就是整个乐队的灵魂和核心，所有人的眼睛，都把注意力集中在他手中的那支短短的指挥棒上，只要他两只胳膊一收拢，整个乐队的乐器就戛然而止。每逢排练歌剧，他就放心地派贝多芬去教堂代他弹琴。而贝多芬也不负恩师所托，每次都能出色地完成风琴伴奏，波恩城里的人们无不拍手叫绝。

就这样，贝多芬作为聂费的助手，在教堂和剧院两处工作，这对他以后的发展产生了很大的影响。但因为他还没有一个正式的职位，所以仍拿不到薪金。

1783年夏天，贝多芬难以遏制自己喷涌而来的创作欲望，一口气写下了三首钢琴奏鸣曲，题名为《青年奏鸣曲》，再加上过去写的九首变奏曲一块儿结集出版。聂费从这些作品中无比欣慰地发现，聪明的贝多芬既吸收了史特克尔欢快的旋律风格，又在其中引入了巴赫庄严的精神内涵，比过去所创作的曲子有了明显的进步。他兴奋地鼓励年轻的贝多芬把这个作品集献给选帝侯，而这一举动也理所当然地受到了选帝侯的褒奖。

第二章

破茧化蝶

- “为了挣口饭吃而工作，真难！”
- 拜访莫扎特
- 巨星的碰撞
- 痛失慈母
- “一切为了真理，一切为了自由”
- “他一演奏，大家都洗耳恭听”
- 苦涩的爱情
- “我还有更重要的使命”

“为了挣口饭吃而工作，真难!”

贝多芬学满出师找的第一份工作，仅仅是为了满足家庭的需要。

此时，他的父亲约翰已经44岁，他终日与酒为伴，嗓子嘶哑，已经没有年轻时的朝气，早已失去了演唱的动力。本来收入就不高，再加上酗酒挥霍，可想而知，他们的家庭生活更加困难。于是，1784年初，贝多芬想要申请一个带薪的职位，以此来担负起家庭的重担。

他的申请很快就被批准了，但不幸的是，还没等他的薪金确定下来，老选帝侯忽然去世了。这个噩耗传来，宫廷里的音乐活动停止了，剧院也被撤销了，所有演员一律发了一个月的薪金，都被遣散回家了。

1784年4月，新选帝侯麦克斯宣誓就职。好在宫廷官员对贝多芬的印象都非常好，他们在给新选帝侯的报告中对贝多芬的评价很高，这让贝多芬感动不已。新的选帝侯也很高兴，很快就批准了这一报告，任命贝多芬为第二风琴师，月薪为150古尔登，并郑重地下达了一张任命状。

虽然贝多芬的工资和那些宫廷官员们相比并不高，但他从此有能力帮助贫困的家庭了，他为此还兴奋了好一阵。然而，天有不测风云，上天似乎有意要折磨这位音乐奇才，不幸的事紧接着就发生了。

按理说，家里增加了比以前多数倍的薪俸之后，日子应该过得好一些。但是，恰恰相反，贝多芬的父亲丝毫不在乎这些钱是儿子辛苦挣来的，看到收入增多了，这个不知廉耻的老酒鬼喝得更厉害了。

更为不幸的是，这时贝多芬母亲的身体也越来越糟。自从生了贝多芬以后她就得了肺病，经过治疗虽有了一定好转，但还是时不时地复发，再加上长期营养不良与接连生儿育女（在贝多芬之后，玛格拉雷娜又接连生了六个孩子——三个女儿，三个儿子。很不幸，其中三个女儿和一个儿子夭折了），她的身体彻底垮了下来。因此，家里比以前更窘迫、更困难。

贝多芬的父亲除了喝酒还是喝酒，一点也不怜惜妻子，更不会过问这个家。玛格拉雷娜面黄肌瘦，四肢乏力，但还要拖着重病的身体操持繁重的家务，照料孩子。那个时候也只有贝多芬知道疼爱母亲，服侍母亲。

贝多芬很想给母亲治病，先是托人请了一位大学生维格勒来给母亲治病。维格勒比贝多芬大5岁，是一个光明磊落的青年，为人忠厚善良，正在医科大学学习。维格勒以前就很喜欢贝多芬，现在看到贝多芬如此孝顺母亲很受感动。所以他对玛格拉雷娜照顾得也特别周到，在维格勒的精心治疗下，玛格拉雷娜的病情大有好转。

因为有了这一段时间的相处，贝多芬和维格勒从此成了知心朋友。他们经常在一起谈心，十分投机。有一天贝多芬对维格勒说："我真羡慕你，可以在大学里读书，整天过着无忧无虑的生活。"这是他的心里话，年少时因为父亲的干预让他过早地终结了在学校的生活，这将是他永生的遗憾。

维格勒听了感到非常奇怪，他瞪着惊异的眼睛问："你居然还羡慕我？你是著名的音乐家，全城每一个人都知道你，可是却没人知道我。"

贝多芬皱了皱眉头："你现在也看到我家里的情况了。我母亲病魔缠身，父亲终日与酒为伴。我想要安心学习，但家里总是乱糟糟的，根本就没有可以学习的环境。所以，我心里好烦！"

维格勒劝他说："困难是暂时的，你一定要坚持下去啊！"

为了帮助贝多芬，维格勒建议他去当家庭教师。贝多芬欣然同意。于是，维格勒打算介绍他到布鲁宁夫人家里当家庭教师。

布鲁宁夫人的丈夫布鲁宁先生以前在宫廷当参议官，和维格勒交往很深。可惜在1777年的大火中不幸丧生，抛下孤独可怜的布鲁宁夫人带着四个孩子生活：儿子斯蒂芬、克里斯托弗、兰茨，女儿艾莱奥诺蕾。

第二天，维格勒陪着贝多芬来到布鲁宁夫人家。布鲁宁夫人听到这个消息非常惊喜，忙迎上前去说："贝多芬先生您好，我们家四个孩子早就听说您的大名了。一听说您来教课，他们都高兴得不得了，真不知道该怎么感谢您才好。"

女儿艾莱奥诺蕾调皮地走过去，行了一个屈膝礼说："我叫艾莱奥诺蕾，请老师以后多指教啦！"

贝多芬本来就不善交际，见了生人更是不知道该说些什么，只是拘谨地搓着两手，谦逊地说："我其实没有什么名气，只不过会弹几首曲子罢了。"

兰茨忙插嘴说："波恩的人们包括我们几个都非常爱听您弹琴。"

贝多芬听了，憨厚地笑笑。

贝多芬从此就当上了布鲁宁夫人孩子的家庭教师，他上课很准时，对工作也非常认真。

布鲁宁夫人是一位善良、宽厚也很有艺术修养的女人，她很欣赏贝多芬的才华，也很同情他的遭遇。她在得知了贝多芬的家庭情况和遭遇之后，想要让他多一些收入，于是有一天对贝多芬说："住在我们对门的奥地利大使维斯特伐里亚家，也需要一位教音乐的家庭教师。他们很愿意您去教课。不知道您愿不愿意？"贝多芬听了毫无表情，既没说同意，但也没有拒绝。布鲁宁夫人以为他是害羞不好意思回答，又说："如果您没有意见，明天就去吧！"贝多芬勉强答应了。奇怪的是到了第二天，贝多芬又借故推辞掉了。布鲁宁夫人并未因此而不快。她知道贝多芬不愿意去，自然有他的想法。她尊重他的想法，尽管她不知道他心里到底在想些什么。她像母亲一样关心爱护贝多芬，因为她感到贝多芬身上透出了一种令人钦佩的气质。她还经常教育孩子们要尊重贝多芬，不要与他开过分的、伤害人自尊心的玩笑。

布鲁宁夫人酷爱文艺，她的家可以称得上是一个小型的艺术中心。波恩的一些文学家、艺术家经常到这里聚会，几乎每晚都有音乐会或舞会。在平时的音乐会上，大家都爱请贝多芬以即兴演奏的方式描绘一个大家都十分熟悉的人物。久而久之，贝多芬熟悉了当时德国文坛上许多声名显赫的文艺理论家、诗人、剧作家，如莱辛、席勒、歌德等。

就这样，一直过了几个月，贝多芬在布鲁宁夫人家开始感到快乐和幸福，逐渐消除了内心的隔阂。他体会到了家庭的温暖，他不仅在这里度过白天的大部分时间，在这里吃饭，与孩子们一起玩儿，一起弹琴，有时还在这里过夜。在以前，贝多芬只有在教堂弹管风琴，或在乐队里指挥演奏，或独自弹奏莫扎特的奏鸣曲时，他才能感到轻松一些，从烦心事中得到暂时的解脱。

贝多芬在布鲁宁夫人家还结识了爱好音乐的瓦尔德斯坦伯爵，他比贝多芬大9岁，是条顿骑士团的伯爵，也是新选帝侯的宠臣。他非常赏识贝多芬的音乐才华，并鼓励贝多芬发展即兴演奏的才能，他还经常在经济上支持贝多芬。由于瓦尔德斯坦伯爵的推荐，贝多芬经常出席新选帝侯宫廷的音乐会，演奏莫扎特的作品。他的演奏如此出众，吸引了所有人。大家都为贝多芬的才华所惊叹，特别是当他演奏莫扎特的钢琴奏鸣曲时，能很好地表达出曲中的无限伤感之情，仿佛此刻的贝多芬就是莫扎特的化身。孰不知，从幼年起就不断听到有关莫扎特话题的贝多芬，久而久之早已将莫扎特尊为自己的偶像。当贝多芬17岁时，便产生了去维也纳拜访莫扎特的强烈愿望。

在去布鲁宁夫人家当家庭教师后不久，贝多芬为了养家，被迫去教更多的私人钢琴课，同时还要抽出一定的时间来照顾母亲和管教淘气的弟弟。由于父亲的无能和经济上的困窘，母亲的病得不到良好的治疗，病情更加严重了，长期卧床不起。15岁的贝多芬，就这样过早地挑起了本应是成年人承受的生活重担。有一次，他曾感慨地对朋友说：“为了挣口饭吃而工作，真难!”

幸运的是，上帝给了艰难中的贝多芬一次实现愿望的机会。贝多芬与莫扎特，当世最伟大的两位音乐天才在命运女神的安排下紧紧连在了一起。

拜访莫扎特

一天一大早，满脸笑容的聂费迫不及待地推开贝多芬的家门，一把拉起还在睡梦中的贝多芬说：“起来，有好消息告诉你!”

贝多芬头天晚上练琴直到深夜，本想好好地休息一下，却被老师突然吵醒了。他极不情愿地爬起来，无精打采，使劲儿揉着眼睛。

聂费从怀里掏出一封信，大声说道：“你就要见到莫扎特了!”

这是天大的喜讯啊!贝多芬顿时清醒了过来，他摇摇头，简直难以置信：“老师，您在开玩笑吧?”也难怪贝多芬没有相信，当时的莫扎特已是举世瞩目的大音乐家，许多大人物都难以见他一面，何况像他这样不名一文的孩子!他一直觉得，拜会莫扎特，不过是他一个美好的心愿罢了。

聂费笑道：“你瞧!这是选帝侯亲笔写的推荐信!”

说罢，他连忙展开一张雪白的带有精美花边的信纸，一字一句清楚地念道：“尊敬的莫扎特先生，我在此荣幸地向您推荐路德维希·凡·贝多芬先生。他是波恩人人皆知的音乐天才，从4岁起就开始学习音乐，年仅11岁就发表了作品，尤为擅长钢琴演奏。贝多芬一直非常钦佩您，盼望一睹您的尊颜，并且诚恳地向您求教一些音乐方面的问题。若能蒙允，那将是他终生的荣幸！”

贝多芬接过信，瞪大眼睛仔仔细细地看了一遍又一遍，他终于相信这是真的，快乐立刻充满了他的内心。难以抑制心中激动之情的他高兴地在床上跳了起来，径直扑进了老师的怀里。

他怎能不高兴呢？贝多芬很早就演奏过莫扎特的作品，在莫扎特的音乐世界中他感到一种深深的解脱，可以忘记平时的一切悲伤和烦恼。莫扎特可一直是他心中最伟大的音乐家啊！周围的人只要一谈到音乐，就自然会提到莫扎特，谈论他的长相、他的音乐、他的家庭、他的种种奇闻轶事……他所有的一切都是那么吸引人！因此，贝多芬强烈地崇拜着他。现在，这个举世瞩目的伟大音乐家就要活生生地站在自己面前了，这是一件多么让人心动的事情啊！

贝多芬疯狂地向屋外奔去，他想尽快告诉爸爸、妈妈和所有他认识的人这一喜讯，让大家分享他内心难以名状的快乐。聂费则跟在他后面高喊：“小贝多芬，你的鞋还没有穿呢！”

1787年春天的一天，贝多芬终于在瓦尔德斯坦伯爵的帮助下，获得了新选帝侯的资助，前往维也纳去拜会久仰盛名的莫扎特。这次拜访对贝多芬以后的音乐道路影响深远。

贝多芬坐在邮车上心潮起伏，他终日向往的、世界级的音乐和戏剧圣地——维也纳很快就可以到达了。在维也纳，他迫切地想见到心中的偶像莫扎特，这种心情让他无心顾及其他，连这里最吸引人的名胜古迹，在他心中也平淡无奇。

休息了一个晚上，第二天吃过早餐，贝多芬就揣着选帝侯写给莫扎特的推荐信，叫了一辆马车，来到维也纳的郊外。在路人的指点下，贝多芬很快就找到了掩映在小树林中莫扎特的住宅。梦想已久的一刻就要到来了，贝多芬怀着崇敬的心情，忐忑不安地敲响了大师的家门。

贝多芬站在门外等了片刻，走出来开门的是一位身材矮小、相貌平庸无奇的中年男子，这让贝多芬略微有些吃惊。他用近视的蓝眼睛在贝多芬的身上打量了一番，问道：“你找谁?”

贝多芬紧张得来不及答话，急忙递上揣在内衣口袋里选帝侯写的介绍信。这位矮个子男人接过信，一目十行地扫了一遍。这时候贝多芬才借机仔细地观察这位陌生人：他的头发呈淡黄色，由于身材过于瘦小，头显得有一点与身体不成

比例，雪白的衬衫袖口露出一双白皙的手，手指纤细修长但看上去很有力量，显然是常年练习钢琴的缘故。男子扫视完介绍信，不冷不热地说："请进。"音乐史上的两位巨星就这样会面了。

贝多芬跟着他走进院门，进入客厅，只见里面已坐了十几位年轻人，这些人面容各异，看起来似乎都不是当地人。他们有的拿着乐谱在哼哼唧唧地唱，有的喝着咖啡在聊天。这位矮个子男人径直坐在中央的一把大靠背椅上，他应该就是举世闻名的莫扎特了！

莫扎特向贝多芬指了指钢琴前的凳子，不动声色地说："请你随便弹首曲子。"

显然，这个其貌不扬的少年并没有引起莫扎特的足够重视。这也难怪，崇拜莫扎特的青年音乐爱好者多如牛毛，几乎天天都有慕名而来者，大多数也都拿着极有分量的介绍信，可惜他们的音乐天赋却平淡无奇。莫扎特以为今天来的这个孩子不过是其中的一个罢了。

贝多芬原以为自己崇拜多年的莫扎特大师一定是一个身材高大、相貌堂堂的人。但今天一看，大师的外貌竟是如此平凡，他心中多少有些失望。但他也因此对自己增加了几许信心。于是，他在琴台上坐下来，平心静气，略一思索，弹起了他最喜爱的《幻想曲》。这首曲子他不知练过多少遍，他对曲子的把握已经到了炉火纯青的境界，指法非常灵活，情感表达也很完美。他希望借这首曲子引起大师的重视。

一曲奏罢，莫扎特仍然不动声色地说："你不可能只会弹这一首曲子吧？"贝多芬一听，心里有些不高兴。他以为这是大师对自己的轻视。他并不知道，当时许多前来拜访莫扎特的人，事先在家里反复练熟一两支曲子，以期引起大师的注意。当莫扎特再让他们弹其他的曲子时，那些人的手指就不听使唤了。所以，莫扎特绝不会仅凭一支曲子就对演奏者轻易下结论的。贝多芬心想：好吧！那就请你见识一下我弹即兴曲的本领吧！他很有礼貌地说：“莫扎特先生，请您给我一个主题，我将为您弹一首即兴曲！”

莫扎特听后，笑了笑说：“好吧！”紧接着，他轻描淡写地伸手在琴键上弹奏了一段曲子。这是莫扎特正在创作的大型歌剧《唐·璜》里的一段。

◎《唐·璜》：初演于1787年。剧中的主人公唐·璜是中世纪西班牙的一个专爱寻花问柳的胆大妄为的典型人物，他厚颜无耻，但又勇敢、机智、不信鬼神。所有剧情都是围绕唐·璜和为了保护女儿而被唐·璜杀死的司令官这个中心而发展的。歌剧《唐·璜》把生活和哲理的因素揉合在一起，着重于人物的心理刻画。

贝多芬真不愧为音乐天才，他只听了一遍就牢牢记住了曲调。这个激动人心的主旋律给了贝多芬灵感，此时的贝多芬心中燃起了无比强烈的创作欲望，他以强烈的激情和大胆的和声技巧将这个主题进行了变化，把它一分为二，演化成两个互相对立的部分，并让它们展开疯狂的搏斗，最后峰回路转，又转化为统一的主题旋律。乐曲在贝多芬的指尖下好像经过一场暴风骤雨的洗礼，突然又晴空万里，令人感到明朗、舒畅、美妙无比。当贝多芬的两手停在黑白键上，原来

人声鼎沸的客厅，现在已鸦雀无声。

莫扎特万万没有料到，坐在自己面前这个长得黑黑瘦瘦、不修边幅的小伙子，竟有如此高超的琴艺。他激动地对贝多芬说：“很好！你可以做我的学生，约个时间来上课吧！”然后，莫扎特站起来对客厅里在场的人宣布：“你们眼前的这位年轻人，在不久的将来，他就会成为杰出的音乐家，震撼整个世界！” 泥土只能压住破砖烂瓦，但绝对埋没不了黄金。事实已经摆在眼前，连享誉欧洲乐坛的最高权威也不得不承认了。音乐大师莫扎特完全被贝多芬的艺术魅力征服了。

巨星的碰撞

贝多芬见到了莫扎特，实现了多年的夙愿，还拜了大师为师，高兴得不知如何是好，躺在床上辗转反侧。

之后，贝多芬在维也纳又住了六周。莫扎特事务繁忙，一方面他正在紧张地创作歌剧《唐·璜》，另一方面找他求学的人络绎不绝。贝多芬只上了一两次课，主要是学习作曲，但这短短的两次课已经让贝多芬感到无比欣慰了。课堂上，他如饥似渴地向大师学习各种技巧，不断向大师询问各种有关作曲、演奏的困惑。

这回，贝多芬真正推开了他与艺术大师之间间隔的大门，闯进莫扎特心灵的音乐宫殿。这位欧洲音乐舞台上的强人，甚至对名家巴赫、泰勒曼、海顿等人都不屑一顾，而此刻，面对眼前这个天资聪慧的少年提出的问题，莫扎特侃侃而谈，从演奏技巧谈到对乐曲的理解，从作曲家的个性又谈到了音乐的风格，令贝多芬受益匪浅。

从莫扎特的笑意上看出，他显然已经把贝多芬当成了朋友："看起来，将来你可能是一个天才的作曲家。可你在音乐理论上大概还得从头开始，小伙子。"

"是的，先生。"贝多芬毕恭毕敬。

就这样，在这一问一答中，两个人都有一种相见恨晚的感觉。他们彼此间的距离也在维也纳美丽的黄昏中不知不觉地缩短了。贝多芬以自己出众的音乐天赋和学识得到了大师的器重，他庆幸自己终于又有了一个在艺术上得以深造的好机会。

贝多芬从莫扎特家里出来，直奔多瑙河畔。夜色中的音乐之城，早已沉沉入梦。贝多芬伫立在溢满乐声的河边，仰望着天空。此刻，只见满天都镶满了小星星，它们不像阳光那么刺眼，也不像月光那么清澈，但却是明亮的。一切都变得那么雅致，那么幽静和安详。站在这里，贝多芬兴奋得呜呜大哭起来，然后又是一阵放声大笑。直到这时他才觉着肚子饿了，就跑到附近的一家餐馆里，饱饱地吃了一顿。最后，为了庆祝这不平凡的一天他还破例喝了一杯白兰地酒。

回到住的地方，已经是后半夜了，但是贝多芬却没有丝毫倦意。他点燃蜡烛，铺开信纸，想把这个振奋人心的消息尽快地告诉艾莱奥诺蕾小姐。但短短的信纸，又怎能抒发得了贝多芬此刻的雄心壮志呢?此刻，贝多芬觉着自己从来没有像今天这样幸福，也从来没有像今天这样对自己的艺术前途和事业充满信心。

为了生活，为了能在莫扎特身边继续学习下去，贝多芬便在求学的间隙，去一位贵族家中担任为舞会伴奏的乐师。由于他的演奏技巧高超，很快就成了这家人的座上客，并获得了一份儿足以使他在维也纳生活下去的报酬。

此时，一代音乐巨匠莫扎特正日以继夜地忙着创作。原来，他已经和一位音乐商签订了一份合同，要在这一年的秋天将歌剧《唐·璜》的全部乐曲完成，并交由歌剧班排练和上演。

一天上午，贝多芬和往常一样，如约来到大师家里求教。一走进客厅，他就看见大师手拿羽翎笔，正在一张谱纸上急速地写着。为了不打扰他，贝多芬只好坐在离他不远的沙发上静静地等待。半个小时过去了，一个小时过去了，大师好像把自己的学生完全忘了。

贝多芬看见老师工作得很专注，写到紧张情节出现的时候，只听他牙齿咬得咯咯直响，连鼻孔也抖动不止。最后，莫扎特的思路显然受阻，写不下去了，他便仰起头来呆呆地望着天花板，似乎要从那些几何形图案和吊灯中捕捉新的灵感，然而这没能如愿。当他转移视线时，发现了贝多芬："唔，亲爱的小伙子，你什么时候来的？"贝多芬站起来回答说："先生，我在这里等您，已经有一个多小时了。"

"你来得好极了！"莫扎特耸耸瘦削的肩膀，微笑着，把一份空的谱纸递到贝多芬面前，"我这会儿有些不舒服，你来把这段咏叹调给我补全，可以吗？"

"先生，你要我补写一段歌剧的曲谱吗？"贝多芬愣了，失声叫了起来，"这……我能行吗？"

“孩子，你完全可以写，动笔吧！”

莫扎特嘱咐他，那一段主旋律要有条不紊、清晰明快，很自然地过渡到下面的四重奏。贝多芬拿起羽翎笔，又读了一遍前面谱子上的音符，行云流水般很快就写完了。

莫扎特拿过完整的曲谱，照着它哼唱了起来，然后一双蓝眼睛高兴得几乎迸放出火花。“太棒了，贝多芬！简直可以说是天衣无缝，你准确表达了我的感情，我的思路。”莫扎特朗声大笑了起来。

贝多芬天才的作曲技艺，受到了莫扎特的赞赏。从这天起，他便常常替大师完成些案头的工作，简直成了大师的左右手。

莫扎特本来就早衰多病，当他完成歌剧《唐·璜》之后，已经精疲力竭，卧床不起了。如今的他，仅仅是靠几根骨头支撑着生命。为了艺术，他贡献了浑身的血肉和灵魂。而这

一年他才30岁。这本该是音乐家的黄金年龄，是最年富力强的时候。他成就了艺术，而艺术却无情地摧毁了他的健康。由于长期的过度劳累和疾病的折磨，莫扎特的身体变得越来越糟了。看着莫扎特浑身抽搐、面无血色的样子，贝多芬曾劝说大师等病好后离开维也纳到波恩去休假，可是莫扎特没有同意。他对贝多芬说自己离不开这片美丽而又能给他带来无尽灵感的土地，就是死在这里，也比在别的地方活着要强。

莫扎特献出了自己的青春，却让剧院老板发了大财。莫扎特从《唐·璜》中得到的报酬，仅仅是五百多个古尔登，还不够买一架钢琴。贝多芬知道后，为老师打抱不平，再联想到自己之前的境遇，他非常气愤。阔佬儿们大发横财，而真正的天才却要忍饥挨饿。维也纳皇家贵族们竟如此对待这样一位伟大的音乐天才，一位属于世界的音乐天才。

有一天，莫扎特横穿过一个广场，来到一家戏院前面，见街口一个角落里，有一位双目失明的老人在拉小提琴。莫扎特一听就听出来，那是一支他创作的协奏曲主调。老人兴致勃勃地拉着，地上放着一顶空帽子。许多过路人围在那儿欣赏，但是没有人把钱扔到帽子里。

莫扎特拨开人群，走了进去问那个老人："请你告诉我，你常常拉莫扎特的曲子吗?你为什么不拉别人的曲子呢?"

"是的，先生您不知道，"老人边拉边说，"现在维也纳的人都喜欢听莫扎特的曲子，都听得入迷了!"

"老人家，你能够依靠拉莫扎特的曲子来维持生活吗?"莫扎特问。

"能够，先生，足够我维持生活的需要了。"老人回答。

莫扎特感慨地对老人苦笑道："天哪，你能够靠拉曲子维持生活，而我却不能，就连订牛奶的钱都没有了。"

几天后，莫扎特的病情刚刚好转，就从病榻上支撑起身体，继续为贝多芬讲解和声学和对位法这些钢琴知识。贝多芬也全神贯注地倾听着大师的每一句话，晚上回到家中再勤学苦练。

转眼间，迷人的夏天来到了维也纳，又一次难得的机会降临到了贝多芬的身上。由于莫扎特刚刚病好不久，而又无法推辞维也纳公众邀请他在康恩奈尔陶剧院举行音乐会的请求，便决定让贝多芬来替代自己。

贝多芬听到这个消息后，又是高兴，又是惊慌。他是刚满17岁的少年，现在他却要代替大师站在维也纳的舞台上。

在音乐会上，贝多芬没有辜负老师的期望。他演奏了一支自己创作的曲子《维也纳钢琴四重奏》，有如一杯陈酿的美酒让全场的观众都为之陶醉。雷鸣般的掌声、振奋人心的欢呼，简直将贝多芬融化了。这简直是维也纳史无前例的演奏，当我们今天重新聆听这支出自这位17岁少年之手的曲子时，也不能不为他的杰出才华而赞叹不已，就更加没有必要再用文字描述当时听众们狂热的激情了。

来自波恩的少年贝多芬以自己强大的艺术魅力一鸣惊人地征服了维也纳，并在这座音乐之城占有了一席之地。一时间，最荣耀的桂冠戴在了他的头上，同时，赞扬和邀请也纷沓而至。但贝多芬没有陷进去，他清醒地告诫自己，沉溺于这些美酒、宴请以及那些贵族小姐们的柔情，自己的艺术生命就会被毁掉。

痛失慈母

不久，贝多芬便接到父亲的来信，告诉他“母亲病重，望速归”。他顿时感到灰色的乌云低低地压着维也纳城，也压在贝多芬的心上。他暗自思忖着：这几天，莫扎特的病经常反复，课也几乎停讲了。而自己如今整天困在别人的家中，靠为舞会伴奏谋得食宿，这终究不是长久之计。他甚至在想，自己此刻滞留在维也纳，是不是正在犯着一个美丽的错误。

随着一阵急促的敲门声，一位仆人进来递给贝多芬一封信。又是父亲写来的，他在信中告诉贝多芬，母亲已经病入膏肓，正日思夜想地盼着儿子早日回家，希望能够见最后一面。最后，约翰还以责备的语气告诫儿子，不要把艺术作为谋求名利的阶梯，不要忘记自己还有亲人。

看完父亲的来信，贝多芬的心简直都要碎了。母亲的生命已经快要走到了尽头。而父亲，竟然是这样地不理解他，他到维也纳这座繁华的城市后，从来没有贪恋过美酒和欢宴。他节省下的每一文钱，此刻都存在抽屉里，正准备给家里寄去，好给母亲治病，给两个弟弟买面包。听到父亲责备的口气，他怎能不伤心？

于是贝多芬下定决心，明天就回波恩去，回到家人和母亲的身边去。

第二天一大早，贝多芬收拾好行装，匆匆向莫扎特夫妇致谢告别后，便启程返回波恩，他怀着沉重的心情搭上一辆马车，踏上了回乡之路。

这趟维也纳之旅，成为两位音乐大师此生唯一的交集，从那以后，他们再也没有见过面。1792年1月，当贝多芬第二次来到维也纳，莫扎特已于头年12月5日去世了。胜地依旧，可大师已经撒手人寰（huán），怎不令人扼腕长叹？

贝多芬乘坐的马车驶进波恩城的时候，太阳已经下山了。波恩巷二十号的小阁楼也是漆黑一片。父亲到酒馆喝酒去了，弟弟卡尔和约翰东倒西歪地睡在床上。

“妈妈，妈妈，你睁开眼看一看我！”贝多芬扑到母亲床前，眼前的母亲已是奄奄一息。他泪流满面地跪在床前，期待母亲再一次睁开双眼。可是，母亲此时却再也听不见儿子的呼唤了。

1787年7月17日，这位为全世界奉献了一个伟大天才的女性走完了她那艰难坎坷的人生之路，永远地闭上了双眼。为贝多芬的母亲举行葬礼的时候，邻居们都哭了。

母亲去世不久，贝多芬也病倒了。某些症状使他极为担心这病是母亲传染给他的肺炎，为此他陷入了深深的忧郁之中。从维也纳带来的失落感，到母亲的去世以及父亲的堕落，身边各种各样的烦恼和忧虑，对于正在成长中的贝多芬来说，这一切令他难以承受。

贝多芬的两个弟弟完全变成了野孩子，没有人照管他们。大弟弟卡尔已经15岁了，也很有音乐的天赋，会弹钢琴。12岁的小约翰也很聪明，但因为没有人管他，所以整天撒野放荡，无所事事。然而尽管如此，年轻的贝多芬像以往一样把这一切都担在了自己的肩头，他信守着“紧紧扼住命运的咽喉”的座右铭，勇敢而认真地尽到了家长、抚养者和乐师的职责，这是多么令人钦佩呀！蕴藏在他内心的责任感给了他奋起抗争的信心和勇气，支持着他去克服一切困难，也使他坚定和完善了自己的人格。

有时，为了逃避家里的烦恼，贝多芬就到一家名叫科岗的小酒馆闲坐，只有在这里他才能找到片刻的安宁。这是波恩大学的教授们常常光临的场所，那些受过高等教育、在宫廷里有一定地位的年轻人也喜欢来到这里。大家围坐在一张大圆桌旁讨论各种问题，说到激烈处常常为某个问题而争得脸红脖子粗，气氛十分热烈。

贝多芬喜欢坐在一旁好奇地看着他们，听他们在那里高谈阔论。虽然对他们争论的问题似懂非懂，但他看得出来，他们的确是一些知识渊博的人，与他们交往肯定会使自己受益匪浅。于是，他心里那股强烈的求知欲在此刻又一次升起。

恰巧此时，上帝对贝多芬伸出了援助之手，波恩大学准备破格录取贝多芬。这是一所刚成立不久的大学，它很快就成为欧洲一所非常著名的高等学府，德国乃至世界各地许多德高望重的教师们都被聘请过来，同时许多年轻人也像潮水一样从四面八方来到这里，慕名来这里学习当时最先进的医学、法律和哲学知识。波恩大学很快便声名远扬，当时有人是这么描绘这所大学的：“成千上万的学生聚集在这里，它像极了一座城市。最主要的是这里评价学生的标准不是家庭财富，而是个人才能；就连汇聚到这里的世界各地的外国人，都常常赞扬这里人人平等，尊重人才。这在当时是极具创造性的一项规定，学生中始终活跃着一种独立自由的气氛和精神。就连教学方法与欧洲其他地方也有很大差别，比如在每个院系里都有好几个教授讲授同一门课，这就引起了激烈的竞争。这在当时是很先进的一种方式，几乎每个学生身上都普遍表现出好学精神。教师们不仅有着渊博的学识，而且教学方法也极为严谨。”

在它成立那天，波恩城里处处张灯结彩，教堂里响着嘹亮而又低沉的钟声，游行队伍浩浩荡荡地穿过街道，人们尽情地欢呼着。贝多芬也被邀请到这里来演奏，在众人的掌声中走上舞台，为大家演奏了管风琴，激昂的琴声就像他胸中澎湃的热情，使不少人激动得热泪盈眶。

“一切为了真理，一切为了自由”

1789年，贝多芬喜气洋洋、满怀期望地踏进了波恩大学的校园，开始了他的大学时代，这可以说是他人生的一个重大转折。

当时恰逢大革命时期，在波恩大学无论教师还是学生，都参与了大量的政治和社会活动。1789年发生的法国大革命，以迅雷不及掩耳之势推翻了封建专制王朝的统治，给了波恩大学的师生极大的鼓舞，那些新来的教师和学生们的革命热情也随之越来越高涨了。

◎法国大革命：一次广泛而深刻的政治革命和社会革命，它摧毁了法国的封建专制制度，建立起资产阶级的政治统治，促进了资本主义经济的发展。它是一次欧洲范围的革命，推动了欧洲的反封建斗争，并为欧洲的民主制度奠定了基础。期间所颁布的《人权宣言》和《拿破仑法典》在世界历史上产生了深远的影响。

在大学里，贝多芬学习非常刻苦，努力去学好每一门功课，他选修了斯奈德教授的希腊文学课。斯奈德教授是一位酷爱自由，对封建专制深恶痛绝的人，他曾经慷慨激昂地说：“一年的自由对人类来说，比一百年的专制更有用，因为专制压制了头脑里的思想和心灵中的美德。”这位教授曾先后当过演员和宫廷乐师，后来由于某些原因离开宫廷，在政治上变得越来越激进，于是开始通过教书和写作为刚刚到来的革命时代呐喊。

斯奈德学识渊博，无论什么事情都敢说敢做，但是脾气非常暴躁，在科岗酒馆里，他总是与不同意他观点的人吵个不停。尽管这样，那里向往革命的年轻人还是十分崇拜他，即使与他观点不一样的人，也不得不承认他是一个富有理想和激情的人。这就是大家当时对斯奈德教授的认识和评价，可以说，他在当时博得了很多人的崇拜和好感。

贝多芬也不例外，对斯奈德教授十分敬仰，一方面，在那个充满革命激情的时代里，哪个热血青年不向往自由与幸福呢？另一方面，贝多芬个人的生活经历也决定了他能够非常理解斯奈德的革命思想和一些学术观点。

由于他童年时代的贫困与艰辛，宫廷的富足和他家境的悲惨形成鲜明的对比，而整个德意志社会也如同中国唐代诗人杜甫的诗句“朱门酒肉臭，路有冻死骨”所形容的那样畸形和不公。所有这些都给他留下了深刻而强烈的印象，再加上他易于激动的个性，使他打心眼里向往革命。而此时通过对法国革命的所见所闻，加上斯奈德教授的讲解，更激发了他对公正、自由和平等的渴望，这一渴望可以说在某种程度上决定了他以后的人生道路。

当斯奈德在1790年出版了一本诗集时，贝多芬想都没想立即预订了一本，要知道，对于只有微薄收入的他来说，做出这个决定是多么不容易啊！可是贝多芬当时毫不犹豫地买下一本价格不菲的诗集，足可以看到他是多么敬仰斯奈德教授，以及他对自由和平等的向往是多么的强烈。

贝多芬常常在清晨或夜晚，独自一人手捧斯奈德的诗集，高声朗诵：

专制主义的枷锁被打落了，
得到幸福的人民啊，这是你们自己的双手创造的奇迹！
君主的宝座被你们改造成自由的殿堂，
君主的天下成为人民的国家，
没有什么文告，这是我们的意志。

决定全凭人民自己，
那个巴士底狱已经成为一片瓦砾，
法国人民获得了自由！

在波恩大学的日子里，虽然贝多芬充满了革命的热情与对自由、平等的向往与追求，但那时的他还是把主要精力放在学习和创作自己的音乐上。通过不断的努力，他那时已经创作了不少奏鸣曲、变奏曲、钢琴回旋曲和弦乐四重奏，由于他的技巧已日益完善，这些作品中不时有令人惊叹的大手笔。

值得一提的是，他当时喜欢为歌德、莱辛等著名诗人的诗歌谱曲，这些歌曲大都鲜明地表现出了贝多芬以后在歌曲创作中的理想主义倾向。法国大革命对他年轻的心灵产生了强烈的冲击，在他当时的作品中已经蕴藏着对理想、真理的追求和对人类自由、平等与博爱的信念。

我们可以从一首作品中明显地看出他当时的思想。这首作品是贝多芬专门为奥匈帝国的约瑟夫皇帝的葬礼而作的。

约瑟夫皇帝是一位受法国思想影响很深的人，他即位后，从1780年开始大胆改革。他先是采取一系列有利于人民的政策，这些政策恢复了农民的权益，还建立了许许多多的医院和学校，为人民做出了不可磨灭的贡献。这位伟大的改革家——约瑟夫皇帝于1790年2月不幸去世，这个噩耗传来，他的追随者和支持者悲痛万分。

波恩人民决定举行追悼会来悼念这位伟大的皇帝。斯奈德教授提出用音乐的形式表达他们的哀思。他手中挥舞着几页稿纸，那是早已写好的一首悼词。

“我希望有一位出色的音乐家为它谱曲。”斯奈德教授非常认真地说道。

贝多芬毅然从人群中站了出来，接过了这首悼诗。回到家里，他闭门谢客，带着对约瑟夫皇帝的热爱和对革命的热情，全身心地投入了创作。在经历了各种困难之后，贝多芬终于完成了这部作品，它充分显示了一个年轻而热情的革命者对博爱、自由和平等的全部热情。

在这部作品中，贝多芬锐意创新，大胆使用了全新的手法，把传统手法彻底地抛在一边，它丰富的想象力和无所畏惧的勇气，使听众感到耳目一新。

时隔多年以后，当另一位伟大的音乐家听到这首激情澎湃的乐曲时，曾叹服说：“它是彻底的贝多芬风格，它的情感和想象力中带有美丽而高贵的悲壮色彩，紧张而激烈的表达方式，我们都可以在他以后的作品中观察到。”

特别需要指出的是，30年后，贝多芬为席勒诗歌谱写的《欢乐颂》中，某些乐句与它十分相似。

可见贝多芬对民主和自由的信念从未动摇过，那种追寻真理、为艺术献身的赤子之情，已经在他心底牢牢扎下根来。贝多芬就是这样在青年时代成长定型的，并保持终生不变。“一切为了真理，一切为了自由”，是他至死不渝的信念。

正是这样的革命性成就了贝多芬的伟大与辉煌，否则，他很可能终生只是一个严肃而聪明的二流音乐家。

毫不夸张地说，革命的曙光不仅照亮了贝多芬那充满热情的心灵，而且使他的人格变得高大伟岸，他的作品也因此处处闪耀着人性的光芒。

“他一演奏，大家都洗耳恭听”

经历了童年的艰苦生活和青年时期的磨炼，贝多芬已长成一个体魄健壮的男子汉。他个子不高，宽厚的肩膀，短小的脖子上支撑着一个有些不合体的大脑袋，圆鼻子，终年的痘斑留在了他黝黑的脸颊上，两只眼睛炯炯有神，走起路来身体微微向前。虽然外貌并不十分英俊，但是多年来艺术的熏陶让他身上散发着一种令人无法抗拒的魅力。此时的他，总算小有所成，逐渐站稳了脚跟。

从1788年到1789年的这段时间，贝多芬是顺风又顺水，得到一系列的资助。

首先给他经济援助的是前面提到过的瓦尔德斯坦伯爵。瓦尔德斯坦绝非普通庸俗的贵族，他是一位音乐鉴赏家和实践者。他深知贝多芬的才华，是最关怀贝多芬的人之一。他用各种各样的方式支持、帮助贝多芬，他曾经声称，他的任何馈赠都是物有所值的。由于贝多芬不断地从瓦尔德斯坦那里得到大量的经济援助，他最终解决了许多让他感到棘手的困难，而这些资助对瓦尔德斯坦来说不过是九牛一毛罢了。也正是因为有了瓦尔德斯坦伯爵的资助和对音乐的热爱，贝多芬身上的才华才得以有了充分的发挥，他们两人建立了深厚的友谊。可以说慷慨的伯爵是贝多芬艺术事业上最重要的资助者，后来对贝多芬影响巨大。

除了瓦尔德斯坦的热心支持外，从1789年起，贝多芬还开始从许多名门贵族那里得到各种各样的“特殊照顾”。他迫切想改善生活窘况的愿望得到了初步实现。

1789年底，在选帝侯的应允下，他取得了代领父亲薪金的权利。这样一来，贝多芬除了自己的薪水外，还可从父亲的薪水中提取一半作为家庭的生活费用。而此时的约翰早已心力衰竭，酒瘾发作常常使他寻衅滋事，贝多芬不得不经常光顾警察局领回自己的父亲，并接受罚款。他替代父亲成为了一家之主，责无旁贷地担负起了照料弟弟的生活和教育他们的重任。为了补贴家用，他不得不更多地担任职务，增加私人授课时间，工作之余还要操心处理家庭事务和关心两个弟弟的成长及发展。后来，宫廷方面最终解除了约翰的职务。贝多芬也因为疲于应付各种杂务，劳累过度，患了几场重病。

在这几年当中，贝多芬一如既往地参与社交。布鲁宁一家对他的关怀，以及一个虽然不大、但对他友好相待的朋友圈子给他的生活增添了新的丰富多彩的色调，从而帮助他暂时将家庭的烦恼抛在脑后，使他感到生活依然很愉快。除此之外，音乐给了他更多的安慰，特立独行的贝多芬在他20岁时，就以对音乐的独到理解而引人注目了，不论是演奏或是创作，都成为贝多芬强烈情感的不竭源泉，其音乐思想的独创性和演奏方式的新颖性让人们惊叹不已。随后，年轻的贝多芬随着宫廷乐队沿着莱茵河做一系列的巡回演出。

当时的文艺评论家兼作曲家卡尔·路德维希·琼在一次音乐会后，特地写了一篇采访报道，并发表在1791年11月23日的《音乐杂志》上。他写道：“我听了当今最伟大的钢琴家之一——善良可亲的贝多芬的演奏……最令人感兴趣的是他的即兴演奏。我曾应他邀请，现场出一个主题给他弹奏。我认为他那亲切的、令人尊敬而充满热情的性格，源于他那深邃的思想。因此，我知道这个完美无缺的人会成为一个伟大的艺术家……我经常听他演奏，一个小时接一个小时地听下去，不厌其烦。我对他那令人惊异的技巧从未感到失望，除了技巧以外，他还拥有卓越的智慧、伟大的思想和丰富的表达能力。乐队成员都非常钦佩他，只要他一演奏，大家都洗耳恭听。但是他很谦虚，丝毫没有狂傲之心……”

正当贝多芬醉心于音乐时，爱情也悄悄地降临在这个二十出头的男青年身上，贝多芬与自己的初恋不期而遇。美好的开始也成为贝多芬此生无尽的怀念，多年之后，当他回忆起这段经历时，心里依然充满甜蜜。

苦涩的爱情

布鲁宁夫人的女儿艾莱奥诺蕾小姐，是个比贝多芬小两岁、聪明活泼、人见人爱的女孩。因为有了之前那段执教的经历，她与贝多芬在少年时代有着十分深厚的友情，热情奔放的贝多芬爱上伶俐乖巧的艾莱奥诺蕾是一件很自然的事。贝多芬对佳人钟情已久，苦于没有机会开口吐露衷肠。谁知，命运弄人，后来艾莱奥诺蕾竟然嫁给了贝多芬的知心朋友维格勒医生。就这样，贝多芬的初恋在悄无声息中终结了。但是他们三人始终保持着纯洁的、恬静的友情。直到老年，他们三人仍然情意切切，格外感人。这样的情谊也是弥足珍贵的。

事实上，贝多芬第一个真正的恋爱对象是艾莱奥诺蕾的女友——德霍恩拉斯。她家住在科隆，是布鲁宁家的常客。德霍恩拉斯有一头迷人的金发，肌肤雪白、面庞姣好，性情非常活泼，爱开玩笑。让贝多芬最难以忘怀的是，她有一副美妙的歌喉，唱歌时总爱让贝多芬为她弹琴伴奏。与这样的妙龄女郎朝夕相处，贝多芬怎能不燃起心中的爱火？

有一天，贝多芬专门为德霍恩拉斯谱写了一首歌曲，德霍恩拉斯试唱了一遍，非常适合她的声域，简直是天衣无缝。为此，德霍恩拉斯对贝多芬大为感激，并频送秋波，贝多芬也暗自高兴，满心以为姑娘也爱上了他。

然而，贝多芬似乎是高兴得太早了。没过几天，布鲁宁家里来了一位年轻的奥地利军官，他衣着考究、风度翩翩，使波恩的风流人物们都黯然失色。在布鲁宁家的音乐舞会上，千娇百媚的德霍恩拉斯小姐拉着出尽风头的军官向大家宣布："这位先生是我的未婚夫。"贝多芬听了，眼前一黑，几乎晕倒。不过，好在他与德霍恩拉斯相处的时日尚短，没有特别深厚的感情，所以很快就从这种郁闷的情绪中解脱出来。

贝多芬的第二次恋爱同样不幸，这次他爱上的姑娘叫玛利亚，身材修长，美丽动人，出身于一个热爱音乐的家庭。玛利亚同样是一位千金小姐，她父亲是一位高贵的伯爵，对音乐有很高的鉴赏力，玛利亚的哥哥是个出色的笛子手，而玛利亚本人的钢琴也弹得十分出色。伯爵为了能够经常听到音乐，从他的仆人中挑选了一些人组成一个小型家庭乐队。

在伯爵的盛情邀请下，贝多芬经常参加这个乐队的演出。

出于对伯爵的敬意，贝多芬特地创作了一首三重奏乐曲。天才的贝多芬不同寻常地把钢琴、笛子和巴松管结合在一起，使乐曲充满了令人迷醉的优雅气息。这首乐曲深得伯爵赏识，还把它定为家庭乐队的保留曲目。伯爵对贝多芬的音乐才华佩服得无以复加，于是就邀请贝多芬为他女儿教授钢琴课。

玛利亚很小的时候，贝多芬就见过她。那时她还依偎在父亲的怀里撒娇，带着羞怯的眼光看周围的一切。几年之后的一天，早熟的贝多芬带着一脸与年纪不符的沧桑来到伯爵家的客厅里，一阵寒暄之后，兴高采烈的伯爵高声呼唤爱女："玛利亚！出来吧，快见见你的老师。"

里屋的门打开了，映入贝多芬眼帘的是一个穿着一身雪白连衣裙的金发姑娘，面前这个亭亭玉立的少女就是那个小时候爱把手指头含在嘴里的玛利亚吗？贝多芬简直惊呆了。在贝多芬火辣辣的目光的注视下，玛利亚似乎觉察到了什么，羞涩地低下了头。青年音乐家那双深邃而明亮的眼睛，已深深地铭刻在她的脑海里。

玛利亚的出现让贝多芬原本灰暗的生活变得一片光亮，他的所有烦恼都变得无足轻重了。他对父亲、兄弟变得和善，学习也更加勤奋。最使贝多芬感到欣慰的是，他感到玛利亚不像一般贵族小姐那样势利眼，对自己完全以艺术家的身份来尊重，与他平等相待。一段美妙的时光从此开始了，这对贝多芬来说是从未体验过的感情激荡和幸福。

不过，贝多芬也有苦恼的时候，由于害羞的玛利亚始终与贝多芬保持着一段距离，这让他无法确定玛利亚是否对他心存爱意。

有一天，玛利亚告诉贝多芬，不久之后她们全家将去一个叫明斯特的地方小住数日，邀请贝多芬前去做客。

“我们衷心希望您能前往，那将是我们莫大的荣幸。”

玛利亚眨着她那美丽的眼睛，半开玩笑半认真地说，很明显，她的声音里充满了期待。这可真是天赐良机呀！贝多芬没有想到平日里羞答答的玛利亚竟然如此主动，质朴的脸上显现出不好意思的神情。他的内心是多么激动啊！

随后，玛利亚又专门向贝多芬发了一封精致高雅的请帖，上面写着：“您来吧，什么时候都可以。”

贝多芬收到请帖之后喜出望外，捧着这张散发着优雅香气的请帖，读了一遍又一遍，然后大步走到钢琴前，弹了一首热烈奔放的奏鸣曲，以表达他此刻难以平静的心情。恰巧那时贝多芬在休假，于是他立刻马不停蹄地奔赴目的地。

匆匆赶到明斯特的庄园之后，穿戴整齐的贝多芬走下马车，一眼就看到了站在门口迎接他的玛利亚。玛利亚的脸上充满了迷人的光彩，微笑着看着贝多芬。然而，平时一向以勇敢热情著称的贝多芬，忽然间手足无措，只好随着玛利亚走进为他准备的房间。细心的玛利亚早把房间打扫得干干净净，正中摆着一架崭新的钢琴，上面放着他创作的乐谱，旁边靠窗的花瓶里插着清香的玫瑰。贝多芬草草地洗把脸，深吸一口气，尽量让自己怦怦乱跳的心平静下来，然后镇定自若地来到餐厅。

晚餐时来了许多客人，贝多芬很幸运地被安排在玛利亚身旁就座。客人们边吃边聊，席间欢声笑语不绝于耳。木讷的贝多芬却很少说话，只是默默地吃着，暗暗注视着玛利亚，她的每一个表情，每一个动作和每一句话都能让他怦然心动。

晚宴后，风雅的伯爵开了一个小型家庭音乐会，贝多芬理所当然地被邀请弹奏几曲。但是今天跟平时不一样，平时再熟悉不过的黑白键在此时对于贝多芬来说竟然有些陌生，他精神恍惚，难以把精力集中在演奏上。对于从7岁起就登台演奏的贝多芬来说，这样的情形可从来没有过。

朦胧中，他感到玛利亚那双美丽的大眼睛似乎总是在注视着他，这让他浑身不自在，热汗不断涌出，一曲既罢，全身就已经湿透了。

晚上，贝多芬激动得难以入睡，玛利亚深情的眼神不停地浮现在他脑海中。在一阵辗转反侧之后，他一骨碌从床上爬起来，光着脚，在房间里走来走去，走累了，又躺下，还是睡不着，再爬起来，再走，如此来回反复。贝多芬的心里交织着甜蜜与痛苦，他长叹一口气，心想这种折磨真难以忍受，他无法安心做任何事，不能再这样下去了。于是，他决定第二天向玛利亚表明他对她的感情。

天蒙蒙亮，贝多芬就醒了，他痴痴地站在窗前，眺望着渐渐升起的朝阳，内心充满了幸福的滋味。生活是多么美好啊，也许今天他的梦想就要实现了。他拿出一叠稿纸，在上面密密麻麻画满了音符，那是他头天晚上创作的一首乐曲，是献给亲爱的玛利亚的，整个曲子就如同一朵蓓蕾初开的玫瑰一样散发着美丽纯洁的气息。

早餐桌边的玛利亚依然是一袭白裙，不同的是胸口处插了一支红色的玫瑰，一头长发盘在脑后越发显得骄艳可人。贝多芬只顾悄悄地欣赏着她的美貌，却没有察觉到此刻玛利亚脸上忧郁的神情。

早饭后，玛利亚邀请贝多芬去花园散步。两个年轻人肩并肩地走在绿色的草地上，头顶着蔚蓝的天空，远处山峦高耸入云，四周花坛里五彩缤纷，微风伴随着阵阵花香袭来，扑打在两个年轻人的脸上，让人心旷神怡。

他们在菩提树下的长椅上坐下，贝多芬热辣辣的目光始终没有离开玛利亚。一阵冲动涌上心头，他紧紧握住玛利亚的手，鼓起勇气向她倾诉了自己的真情。然而，玛利亚的反应并没有他想象得那样兴奋，而是扭过脸去，忧郁地看着远方。

“亲爱的贝多芬……我该怎么说呢……”

她欲言又止，在内心深处，玛利亚也很爱这个才华横溢、富有正义感的青年，正是如此，她才诚心邀请他来度假。可不巧的是，他毕竟只是一个乐队歌手的儿子，而她是伯爵的女儿，怎么能嫁给这样一个地位卑微的人呢?她纵然对他心怀情意，可她所受的教育告诉她，这是行不通的，即使自己同意，父母也是绝不会答应的。她犹豫再三，终于忍痛割爱，狠心扑灭这感情的火焰。她强忍着内心的痛苦，转过头来，低声但坚决地说：“我明白您的心意，可是，您要知道，我毕竟是我父母的女儿啊。”

说着，两颗晶莹的泪珠滴落在贝多芬的手上。贝多芬一下子觉得自己的血液凝固了，先前的热情顿时烟消云散。贝多芬几乎不敢相信自己的耳朵，他心中热情的火焰被扑灭了，这是真的吗?他问自己。他理解玛利亚的苦处，心里禁不住泛起一丝苦涩的味道。

玛利亚痛苦的表情清清楚楚地告诉贝多芬，现实就是这么残酷!他们的身份悬殊太大了，这决定了他们不可能结合在一起，享受人人渴望的爱情。

“我还有更重要的使命”

贝多芬显然不是爱神的宠儿，他的爱情总是不那么顺心。身为一位贫寒的艺术家，他却总是爱上社会地位比他高的女人，这注定了他的爱情之路要比常人走得艰难、苦涩。

贝多芬的感情受到玛利亚的拒绝后，他觉得了无生趣。只要一看到为玛利亚所写的曲谱，心里就一阵酸楚。贝多芬坚信，玛利亚是爱他的，可惜造化弄人，有情人难成眷属，贝多芬不断地安慰自己。他决定回到故乡去养息，他要离开这个伤心之地，安抚被爱神的利刃割裂的创口。

他拿起那张曲谱，写上了一行字："献给维斯特霍尔特伯爵小姐，贝多芬"，同时留下一封信，然后悄无声息地离开了伯爵的别墅。在回波恩的旅途中，贝多芬的脑海里总是反复浮现出玛利亚那忧郁而无可奈何的表情。

回到波恩，布鲁宁一家人外出旅行去了。贝多芬只好回到自己的家里，独自吞咽单恋的苦果。在往后的一段时间里，痛苦一直折磨着贝多芬。他试图用工作来缓解内心的悲伤，于是整天躲在屋子里苦心创作，结果却适得其反，悲伤的阴影似乎更加重了。在百无聊赖中，他翻阅了歌德的小说《少年维特之烦恼》，书中的故事引起了他强烈的共鸣。他望着窗外，想着小说中与自己同病相怜的维特，觉得自己除了像维特那样去自杀，实在没有别的出路。

一连数日，这个可怕的念头缠绕在贝多芬的心头，他查阅了康德的《道德的形而上学》，想了解一下他对自杀的看法。当然，康德是反对自杀的，但这位哲学家

◎康德：德国哲学家、天文学家、星云说的创立者之一，德国古典哲学的创始人，唯心主义不可知论者，德国古典美学的奠定者。

的理由此时对于贝多芬显得那样的苍白无力。贝多芬偏激地认为，自己抛弃生命是一种自由意志的表现。

7月里一个阴霾（mái）的下午，空气中没有一丝风。贝多芬的父亲那天清晨才醉醺醺地从外边回来，此刻还在昏睡，而吵吵嚷嚷的弟弟们也令人头疼。贝多芬再也无法承受这种生命的重荷了，于是他来到莱茵河边，咬紧牙关，一步步地向水中走去。猛然间，他仿佛听到一个声音在呼唤他，那是神灵的声音，是艺术女神缪斯的召唤！

贝多芬猛地惊醒了，他缓缓抬起头，望向天空。此时电闪雷鸣，狂风大作，暴雨倾盆而下。狂风暴雨使贝多芬感到了自然的力量，又重新激起了他生存的欲望。贝多芬立刻清醒过来。他想："我来到人世，绝不仅仅是为了恋爱。我还有更重要的使命，那就是音乐！如果我碌碌无为地死去，怎么能证明我才华的出众和人格的高贵呢？"他决定：抛弃殉情而死的愚蠢念头，用生命去谱写伟大的乐章，去创造更伟大的成就。他要让那些势利者低头承认，一个人的高贵并不在于出身而是他的才智和成就！

想到这里，他心中莫名涌起一股对玛利亚的父亲，那位精通音乐然而俗不可耐的伯爵的愤恨之意。为什么一个才华出众的艺术家，却比不上那些空有贵族头衔却庸俗不堪的草包呢？他想起莫扎特年轻时曾经服侍过大主教，反而经常被人家拳脚相向。还有另一位音乐家费菲尔，仅仅因为向往自由，不愿受传统思想和专制势力的约束，却失去了饭碗，不得不远走他乡四处流浪，没有安身之地。自己的命运是不是也将如此呢？自己心里愿意像有些人那样对贵族富豪卑躬屈

膝、毕恭毕敬吗？

想到这里，他大声吼道："不，永远不会！"在这一声怒吼发出的时候，他已经坚定了一个信念：绝不能为了一时爱情失意，而舍弃自己的生命，更不能放弃自己的自由与尊严！不管怎样，生命与自由都是最宝贵的东西。贝多芬终于掉转头，坚定地向岸上走去。我们伟大的音乐家，经历了生死瞬间的考验，又重新燃起了对生活、对音乐的希望，否则，后世将失去多少宝贵的音乐作品，我们也将无法再领略大师的风采。

从失恋的痛苦中走出来的贝多芬，才华得到了更广泛的发挥，他拓展音乐活动舞台的愿望和进一步深造的要求也更强烈了。当时的贝多芬，作为一名已经闻名于世的钢琴家，是绝对有资本跻身于欧洲最伟大的钢琴家之列的。但是，不是所有的事情都能一帆风顺。贝多芬非常清楚，为了今后在创作上向更高的阶梯和更深的层次发展，更好地实现自己的音乐梦想，他必须重新积累新的知识、新的感受和新的经验。而要达到这一步，首先应该有一个新的环境，有条件让他不断地接触各种类型的人物，经历各种事件，熟悉各种思想，获得各种体会。而这种优越的环境只有大城市才能提供。因此，他离开波恩的欲望越来越强烈了，而约瑟夫·海顿的来访促使贝多芬做出了最后的决定。

1791年的圣诞节，伟大的音乐家海顿来波恩访问。在专门为他举行的宴会上，贝多芬出现了。贝多芬出众的才华让他大为惊叹。在认真看完贝多芬的一些作品后，他更是赞叹不已，认为他是一个不可多得的音乐家。于是，他郑重邀请贝多芬前往维也纳跟随他学习音乐。

◎海顿：奥地利作曲家。喜欢以日常生活为题材，擅长于表现人类朴实明朗的感情和乐观的信念，但不喜欢表现人的复杂的内心冲突。以美妙和幽默的情趣引人入胜，快乐和充满希望构成了海顿艺术的气质。他每件手稿的开头总是写上“以上帝之名”，结尾总是签上“荣耀归于上帝”。

贝多芬对维也纳这座音乐之都的生活神往已久，现在有了海顿的许诺，加上选帝侯为他写给权威人士的推荐信，贝多芬自然不会错过这个毕生难得的机会。1792年11月2日，贝多芬终于永远地告别了他的出生地波恩，直到他去世再也没有回去过。

这标志着这位伟大作曲家的少年时代已经结束。从此，他的创作生涯进入了一个走向成熟、取得巨大成果的新的阶段。

不得不说，与玛利亚的爱情让贝多芬变得成熟。在经历了这场痛苦的蜕变之后，贝多芬变得无比坚强，不仅不会再说放弃生命这样的傻话，更把艺术和自由当做他一生孜孜以求的对象。为了理想，他甚至终生未婚，把全部热情和心血都投入到了音乐创作中去。虽然在他以后的人生里，又先后经历过几次没有结果的爱情，但是有了这一次艰难的挣扎，再失败的爱情也显得微不足道，丝毫没有影响他的音乐事业，反而化为一股强大的动力，大大地推动了他的创作。

正因如此，才有了独步天下的“乐圣”贝多芬！

第三章

青春的躁动

- 留学维也纳
- 展翅高飞
- 源于音乐的矛盾与感恩
- “上帝呀！这简直是魔鬼在演奏！”
- 我刚刚开始学习
- 独身的日子，仅仅是人生的一半
- 《英雄》、《悲怆》倾倒世界

留学维也纳

离别时，贝多芬的心中涌起一阵伤感，毕竟在波恩这座美丽的小城里，他度过了22个春秋，可以说这里的一草一木都印记着他少年时代的回忆，是他今生都难以忘怀的。许多年后，他还不时向朋友们提起它。他曾经怀着无限眷恋的心情说："我的祖国，那个诞生我的美丽地方，至今还清晰地浮现在我面前。"

分手的一刻，朋友们与贝多芬依依不舍地道别，他们希望贝多芬能够坚持不懈，继承莫扎特的精神，成为又一个伟大的音乐家。贝多芬随身携带的一本留言纪念册写满了这些挚友亲笔签名的祝福。

其中，瓦尔德斯坦伯爵写道："亲爱的贝多芬：为了实现你多年来屡次受到阻挠的愿望，你现在就要向维也纳出发了。音乐界的天才莫扎特，他的门徒至今在为他的陨落而悲泣。而值得庆幸的是，你在海顿无穷无尽的智慧中找到了庇护所，我衷心地希望通过他，你能再次找到一个人与之结盟。通过你不懈的努力，继承莫扎特的精神。"

还有艾莱奥诺蕾·冯·布鲁宁，这位贝多芬的学生和恋人从赫尔德那里引用了几行诗句作为与他临别的赠言："友谊，是多么的可贵，升起时，就像黄昏的影子，直到生命之光的泯灭。"

这本纪念册对于贝多芬来说，意义非同寻常，他会永远怀念家乡，怀念他在波恩的所有的朋友和同事，怀念他们对他的爱护和帮助，他至死都珍藏着这本纪念册。

从表面上看来，贝多芬的创作成熟过程进行得相当缓慢。他在波恩10年（1782—1792年）内完成了将近五十首作品，而作为音乐大师的莫扎特在他这个年龄（22岁）已经写出了大约三百首作品，并且其中有不少是像歌剧、交响曲、协奏曲这样的大型作品。相比之下，贝多芬的作品则大多数是些篇幅不大的钢琴曲，真正拿得出手的只有三部奏鸣曲、三部钢琴四重奏、两部清唱剧、一部小舞剧、一些重奏曲和一些歌曲。

但是必须指出的是，贝多芬的创作过程相对于前人来说是一种未曾有过的新的探索的过程。只有真正懂得音乐的人才知道，他复杂的创作意识和创作活动似乎表明他在创作每一部作品时，尽可能地对每一个音符都进行缜密的斟酌，力求找出符合时代风格的韵律来。在贝多芬的创作意识中充满了新的活力和动机，这些孕育在心中的音乐火花通过各种途径表现出来，形成一种崭新的音乐风格。但是要冲破那种18世纪音乐文化中早已构筑的旧框架，不是一蹴而就的，它需要对实践的摸索和坚持不懈的努力。

在贝多芬的音乐历程中，波恩的准备时期具有重大的意义。贝多芬在不断克服各种负面因素的过程中扫清了前面的道路，形成自己清晰的音乐风格。可以说，贝多芬在乐器作品里所表现出来的那种内容比在其他音乐领域里所表现的内容要深刻完美得多。

总之，贝多芬的创作天赋在波恩时期就已经显露出来，这也奠定了他思想上和音乐上的基础和开端，以至后来他的一生都是以此作为依据的。

5年前，他初到维也纳，仅仅为了一睹莫扎特的尊容，并且由于母亲的病情而匆匆返回波恩，使得那次旅行看起来好像昙花一现，那么这一次，迷人的维也纳把贝多芬长久地留了下来，也长久地留下了贝多芬的音乐灵魂。11月中旬贝多芬顺利抵达维也纳。

维也纳是座历史名城，也是当时控制欧洲大部分地区的神圣罗马帝国的神经中枢，曾经有位作家把它比作“镶嵌在一个无比美丽的指环中央，被各式各样的珠宝环绕着的一颗巨大宝石”。这个比喻真是再贴切不过了！在维也纳的周围环绕着郁郁葱葱的树木和修剪整齐的花草，整个小城到处弥漫着森林和花园的芬芳。

这里有许多金碧辉煌的宫殿和美丽多姿的花园，里面居住着很多当时欧洲最富有、最显赫的达官贵人，他们挥金如土，整日过着花天酒地的生活。据说有一年，维也纳仅一个城堡就摆出40桌宴席，皇家拥有的数百辆高贵的马车，载着皇亲贵族和来自世界各地的尊贵客人在维也纳的大街小巷里穿行，这种壮观的场面是当时世界上绝无仅有的。

在维也纳，各式各样的化装舞会、歌剧演出、烟花表演和打猎郊游从没有间断过，即使是广大贫寒的普通百姓也极力效仿贵族奢华的生活方式。大概是这种花天酒地的生活很容易让人堕落，无法产生对外界的警惕吧，贵族们似乎对时代的革命风暴毫无觉察，只是尽情地寻欢作乐。等到神圣罗马帝国在1806年崩溃之时，他们才突然意识到自己这种悠闲而放纵的生活从此将一去不复返了。

不过，对于贝多芬来说这些东西都是次要的，吸引贝多芬来到这座城市的并不是它的豪华奢侈和悠然自得，而是它在音乐方面得天独厚的优越性。当时世界上无论哪个城市都无法与维也纳在音乐上相媲美。虽然伦敦和巴黎有优秀的管弦乐队，科隆有著名的宗教音乐，布拉格和柏林以歌剧著称，德累斯顿和莱比锡的管风琴远近闻名，但它们依然无法与维也纳相比肩。因为这里居住着莫扎特、海顿等大音乐家， 单凭这一点就可以让世上所有的音乐家顶礼膜拜。

这座城市中音乐无处不在，无论高雅还是低俗的消遣活动，都不会缺少音乐的成分。城市中心的每一个饭店，每一条街道，甚至在郊区的每一个路口，都能看到三三两两的人在那里演奏音乐。几乎维也纳所有的富人、平民和教堂都有自己所喜欢的音乐。海顿创作的《创世纪》，在首演之时聚集了四百多名音乐家，那宏伟的阵势让其他人望洋兴叹。

当时，贵族们为了继承历代皇帝的传统，几乎家家都有私人乐队。据说，有一个极为富有的侯爵家不仅拥有当时最好的管弦乐队，还聘用海顿达三十年之久，而且能够上演意大利歌剧，这真的是前无古人。财力稍弱的贵族就召集佣人组成管弦乐队，即使不是非常富有的家族至少也会聘用风琴师、钢琴师或小提琴家。

许多贵族还有一个嗜好，那就是醉心于购买音乐作品，不仅莫扎特或海顿这样的大作曲家的作品会被珍藏，就连默默无闻的青年作曲家的作品，如果合乎胃口的话，也会被购买。贵族们喜欢将客厅向音乐家开放，任何一个有抱负有才华的作曲家在维也纳都可以受到一个或几个贵族的支持。

在这里，贝多芬终于明白了什么叫“天高任鸟飞”，他抖擞精神，准备凭自己的才华与汗水在这个音乐圣地干出点名堂来！

展翅高飞

告别了家乡波恩这样一个被封锁的、狭隘内向的城市后，怀着对音乐的满腔热情和梦想来到维也纳这个集竞争性、先进性和世界性于一身，同时又名副其实地作为欧洲音乐中心的帝国首都。初来乍到的贝多芬心里并没有多少底气，他给人的印象并不起眼，身材矮小、肤色有些发黑、脸上麻迹斑斑——这是天花留给他的苦恼印记。他深知在这里可能会有许多新的困难和阻力在前面等着他。作为一个22岁的年轻但有经验的音乐家，为了追求自己的艺术梦想而背井离乡来到这里学习，像当时所有的默默追求自己未来和前途的人一样，他的前途是未知的，是成功还是失败？是成为声名显赫的大师，还是沦为无名之辈？现在一切都还没有答案。在维也纳这样一个表面上是音乐、美酒和女人的充满浪漫情调的地方，但其实却暗藏杀机，他只能依靠自己的力量去帮助自己。别人是不会施舍给他什么的，一切全靠他自己的努力。

因为那时贝多芬的知名度并不高，最初的日子也不像他想象得那么轻松。维也纳的生活消费水平很高，贝多芬交完杂费，手头的钱就所剩无几了。更为不幸的是，一个月后，贝多芬又接到父亲去逝的消息，这对他现在的处境来说无异于雪上加霜。贝多芬在悲痛之余，更为自己和家里弟弟们的经济状况担忧，当时他还并不知道嗜酒的父亲早就把自己留给弟弟的钱花得一干二净。

贝多芬焦躁地在维也纳街头独自徘徊，不知如何是好。然而老天再一次眷顾了贝多芬，在他身无分文的时候，一位名叫里赫诺夫斯基的公爵来到了他身边。这位公爵酷爱音乐，早就听说过贝多芬的鼎鼎大名，于是通过别人介绍，立即把贝多芬从旅馆接到自己的家里住下。并且还下了一道特殊的命令，就是让自己的私人乐队从此以后听从贝多芬的安排。几年之后，正是这支私人乐队首演了贝多芬的成名作《英雄交响曲》。

里赫诺夫斯基公爵有时甚至亲自演奏贝多芬的作品，不遗余力地向维也纳人宣传。在他了解到贝多芬的经济状况之后，决定每年付给这位青年艺术家600金币，这使贝多芬解除了后顾之忧，能够全身心地投入到音乐创作中去。

当时，很多维也纳的达官贵人都很仰慕贝多芬，因此也都对他实行了特殊待遇。不过，在众多的“艺术保护者”们中间，最关心、最仰慕贝多芬的还是里赫诺夫斯基公爵和夫人，贝多芬曾经有两年的时间都是受这对公爵夫妇盛情款待的。他一直都住在他们的宫邸，直到1794年10月。在此期间，他作为公爵的客人，在这座宫邸里拥有好几间房子。

虽然贝多芬住在里赫诺夫斯基的宫邸里，但他不愿意让自己受那些宫廷社交的繁文缛节的影响和支配，所以他坚持自己规定作息时间。有时虽然接受里赫诺夫斯基的经济资助，却从不出卖自己的独立和意志。

有一次，里赫诺夫斯基邀请了一大批客人到自己的宫邸准备听贝多芬的即兴演奏会，但是当贝多芬得知等待他出场的那些宾客中居然有许多是当时占领维也纳的拿破仑军队的军官时，他坚决不同意为这些法国军官演奏。就在这个时候，贝多芬那种鲜明的爱国立场和里赫诺夫斯基的阿谀奉承形成了一种强烈的反差。贝多芬的处境也正是从这个时候发生了转变。当公爵由彬彬有礼的请求转变为自上而下的命令时，贝多芬愤怒了，他绝对不允许自己出卖尊严，他要坚守自己独立的意志，于是在满堂来宾的众目睽睽之下，昂首挺胸，扬长而去。回到自己的房间后，他把里赫诺夫斯基公爵送给他的半身胸像狠狠地摔在地板上，决定离开这个地方。这里已经不再是他的避难所，他转身拿起纸笔，给公爵写了一张便笺："公爵大人，您之所以成为您，是由于您的出身；我之所以成为我，是靠我自己。公爵现在多的是，将来也多的是。而贝多芬却只有一个。"

贝多芬就是这样明确而巧妙地向世人宣示了一条真理：天才优于出身，优于爵位。在贝多芬看来，艺术之所以为艺术，是有其另外一种深层含义的，它绝不是只为有钱人纵情享乐的一种工具。他曾说道："我的艺术应当只为穷苦的人创造欢乐。啊，那是多么幸福啊！当我接近这种境界时，我该多么快乐啊！"贝多芬深深感到自己与贵族社会格格不入，他们的生活习惯使他十分头疼。举个简单的例子吧，当时的贵族们每周的聚会有时多达三四次，人们也十分情愿把时间浪费在为这些聚会的穿衣打扮上，消耗在路途上，更令人无法接受的是这些聚会和消遣，单调、乏味，使人麻木，十分无聊空虚。

对于这些，贝多芬尤其不能忍受。有一次，他向朋友抱怨道："他们下午四点半就要吃饭，所以要求我每天下午三点半在家里穿上华丽的衣服，刮脸，洗漱，我实在受不了！"

更让他无法接受的是，有一次他去一位伯爵夫人家做客，惊讶地发现自己的位置被安排得比贵族低一等。他心中顿时升起一团无法抑制的怒火，圆睁双目，一言不发地站起来，愤然拂袖而去。那个时候，这种不公平在贝多芬看来，是对艺术家极大的不尊重，也是对人性自由的压抑。从此以后，他再也没有登过这位伯爵夫人的家门。

但是海顿等人在这一点上，与贝多芬就有着明显的不同。海顿每次赴宴时，都修饰得极为整齐。戴着假发，穿着闪闪发亮的靴子和新织的丝袜，举手投足之间都散发着一种绅士的风度，而贝多芬则往往衣冠不整，连动作都不太文雅，去了之后随随便便就坐在沙发上，与海顿等人比起来十分不协调。

与对待贵族的粗鲁的、轻蔑的态度截然不同，贝多芬对自己圈内的人和普通平民都是非常和蔼可亲、关怀备至的。因为对普通百姓的关心，贝多芬在写给小提琴家里斯的一封信中曾表示："当我还有一点点办法的时候，我就不应该看到我的任何一个朋友是贫困的。"他在写给魏格勒的信中又进一步表示："假如我看见一个朋友在生活上陷于窘境，而此时我的钱袋又不够帮助他的时候，假使我仅仅坐在书桌前，便可以顷刻之间解决他的困难。……你瞧，这有多美妙

啊。”不仅对待朋友是这样，贝多芬还像慈父一样地关心他的天才学生费迪南·里斯，对另外一位得意门生卡尔·车尔尼在音乐上的发展也给予了很多帮助。

有时，疾病的痛苦和家庭的不幸使他急躁易怒，他也会对朋友们发脾气，然而过后他那真诚的懊悔，又每每不得不让朋友们原谅他，对他的那些过失会不由自主地彻底释怀。在维也纳，贝多芬的钢琴演奏才华得到了充分的展示，他的即兴演奏常常让人有余音绕梁、三日不绝的感叹。钢琴即兴演奏这一形式在当时是非常普遍的，所以即兴演奏的总体水平可以说是很高的。尽管莫扎特刚刚去逝不久（1791年），但人们对他仍然记忆犹新，许多人还是指出贝多芬的即兴演奏是当时世界上绝无仅有的。有几个听过贝多芬演奏的音乐家还明确地指出，即使在他们自己最出色的作品里，仍旧都达不到贝多芬即兴演奏时所创造的那种境界。当时的著名作曲家兼音乐教育家申克是这样评论贝多芬的："这才是演奏，丝毫没有纠缠不清的地方，简直无懈可击；从几个初具规模的音型发展为最丰富的动机，这其间充满了生命的美妙；有时他用暴风雨般的音阶表现热情，有时曲调又仿佛通向天堂：有时甜美的旋律刹那间转为忧郁，有时又突然变成戏谑；每一个音型既有完全确实了的特性，又都是新颖、大胆、坦率而真实的；他的演奏简直就像梦幻般美妙。”

从本质上讲，贝多芬的演奏风格可以说是绝无仅有的，他的音乐有一股震撼人心的力量，情感细腻而脆弱。它与通常在贵族沙龙中的华丽、风雅、娇媚的演奏风格截然不同，是一种粗犷、直率的真实感情的表露。听众有时听得泪流满面，有时又听得激情澎湃，不过这样并不代表他的音乐是伤感的流露，正如法国著名文学家和音乐史家罗曼·罗兰所说：“人家想把这株橡树当做泣梆（bāng），但哭泣的却是听众。”这句话极为贴切地形容了贝多芬演奏的情形。那是一种面向广大听众的大型舞台的风格，是一种雄伟的、充满英雄气概的风格。它所蕴涵的那种一触即发的巨大的内在力量，象征着大革命时代火热的斗争精神。风格上的锐意创新保证了贝多芬能够以各种各样的方式来自由地表达思想感情。贝多芬的这种演奏风格在后来的威伯、帕格尼尼、李斯特等人的身上得到继承和发展。

贝多芬在钢琴演奏方面所获得的巨大成功，使他在作曲家的道路上也顺利起来。自1795—1802年间，贝多芬一共出版了几十首作品。最先取得成功的是采用预约的办法在1795年发表的三首钢琴三重奏——作品第1号。它一经问世就引起了公众对贝多芬的极大兴趣。当时住在伦敦的大钢琴家克拉默在听完这几首曲子后默然良久，然后评价说，贝多芬作品中“强大的鼓舞力量足以安慰大家因莫扎特的去逝而悲伤的世界”。

源于音乐的矛盾与感恩

作品第1号出版以后，贝多芬又断断续续发表了其他一些作品，包括最初的17首钢琴奏鸣曲、3首钢琴协奏曲（第1至第3号）、6首弦乐四重奏（作品第18号）以及其他几首钢琴三重奏等。

除发表作品外，为了充实自己的理论知识，钻研作曲技巧，贝多芬刚一到维也纳就开始跟随名声显赫的大作曲家，被誉为“交响乐之父”的约瑟夫·海顿学习。

一开始他非常尊重这位老前辈，对他期望甚高，但后来由于一些原因，两人之间产生了分歧。

其实这也不难理解，海顿一直处在贵族们的保护之下，没有对获得独立发自内心的渴望，而贝多芬则坚持不懈地在为音乐家的独立自由而努力奋斗着。此外，海顿过于斯文，因此在孤傲不驯的贝多芬眼里海顿显得过于保守甚至迂腐。

更重要的是，海顿接受不了贝多芬作品中的新颖、大胆的思想和见解，还有他的革命性的音乐风格。

虽然贝多芬表面上与这位可敬的老人保持着友好的师生关系，可是在海顿60岁生日以前，贝多芬在内心深处对所学到的东西深为不满。

贝多芬的学生在1838年的日记中曾记录着下面一段话：“海顿曾希望贝多芬在第一部作品上注明‘海顿的学生’几个字。但贝多芬没有答应。因为他认为从海顿那里虽说得到过一些教益，可从来也未真正学到什么东西。”

贝多芬不满意听老海顿教的课，几个星期以后，便开始暗地里到作曲家兼音乐教育家约翰·申克那里去听讲了。

约翰·申克虽说不过是一位平凡的作曲家，但却是一位在作曲法这门学科中享有盛誉的教授。遗憾的是，这一次贝多芬还是没有在创作上与老师达成一致。申克略显陈腐而枯燥的教学方法让贝多芬感到厌倦。

贝多芬曾毫不留情地嘲笑他，说他是一个只会创作“骨头架子”的音乐家。

老师也不甘示弱，回敬道：“他过去没有学到什么东西，将来也学不到任何东西。”尽管两人之间并不愉快，但课程还是继续了将近一年半的时间。

在申克的严格指导下，贝多芬潜心研究了许多音乐理论。申克教会了贝多芬学习对位法和一些作曲理论，这些课程贝多芬没有告诉海顿。贝多芬与海顿之间的师生之情没有持续很久，因为不久海顿就起程前往伦敦了。年少轻狂的贝多芬显然对海顿有些不以为然，甚至对别人说：“我虽然受教于海顿，却一无所获。”

不过人们普遍认为，贝多芬从海顿身上学会了鉴别优劣，以及怎样用逻辑的方式安排音乐元素。这正是作曲家的全部诀窍所在。因此，海顿对贝多芬早期创作的影响是不可忽略的，随着年龄的增长，贝多芬渐渐体会到了恩师海顿的良苦用心，对这位老师越来越感激了。

虽然在艺术上，两人之间存在着很大分歧，但在生活中，两人却始终是知心朋友。

海顿这位老前辈亲密无间地对待这位从波恩来的年轻作曲家，当时曾有过师生共享一块巧克力与一杯咖啡的佳话。海顿纵然工作繁忙，但仍抽出一定时间关心贝多芬的生活起居和事业前途，他曾特地给波恩选帝侯写信，恳求他在经济上更多地资助贝多芬一家。他在信中毫不掩饰对贝多芬的偏爱：

“恕我冒昧地向阁下呈上我亲爱的学生贝多芬所作的几首作品，包括一首五重奏，一首八声部组曲，一首双簧管协奏曲，一套钢琴变奏曲和一首赋格曲，这一切是他刻苦钻研的结果。就凭这些作品，无论是专家还是业余爱好者，都会众口一词地承认，贝多芬总有一天会成为当代欧洲最伟大的音乐家，到那时我就可以自豪地说，我是他的老师。现在我唯一希望的是他和我之间的师生关系能再延续一段时间。

“当我说起贝多芬的时候，请允许我向尊敬的阁下再禀报一下有关他的经济情况。去年一年他仅仅领到100金币，这些钱仅作为生活费也会入不敷出。我深信，尊敬的阁下对此可以明察秋毫。但是，尊敬的阁下，对于派遣他进入上流社会，却给以区区之数的生活费，这美好的设想可能只是您的一厢情愿罢了。

“根据这一设想，为了使他免于落入高利贷之手，我一面替他保证，一面为他支付欠款，因此他欠我不少金币，而这笔钱我敢保证说没有一分钱用于不当之地。现在我请求付给他这笔钱。不然的话，借债要付一定的利息，尤其是对像贝多芬这样一位艺术家更是一个负担。我考虑，如果选帝侯阁下多来年能够拨给他1000金币，这不仅是阁下对他最大的恩惠，同时也免除了他的后顾之忧。作为教师，为他提出请求是我的责任，他参加这里的一切活动，生活上的开销是相当大的。对于两手空空的他来说，需要的钱数约近一千金币。当然，一个年轻人在进入上流社会时的铺张浪费是令人担忧的，为此我向尊敬的阁下担保，因为在无数次的接触中，我发现他总是主动地为了艺术而不惜牺牲一切……”

一个月后，选帝侯给海顿回了信：

“您为年轻的贝多芬送来的音乐作品及你的信件我均已收到。但是，这些作品除了赋格曲一首之外，其他都是他第二次访问维也纳以前在波恩所写的，并且都演出过，因此，我不能认为这些是他在维也纳取得了长足进步的作品。至于拨给他在维也纳的生活费用总数确实不过500金币，但除去这笔500金币以外，他在波恩这里的薪水400金币也一直支付给他，今年他已经接受了900金币的薪金。因此对于您所说的他在经济上拖欠如此之多，我非常难以理解。

“因此，我在考虑，他是否应回到这里重新工作。对他目前在作曲和音乐上已经取得了突破性进步的说法，我是十分怀疑的，我担心他重蹈第一次旅行维也纳时的覆辙（zhé），即带回来的仅仅是欠债而不是其他。”

对于选帝侯的答复，海顿虽然嘴里不说，但心里很不高兴。

几个月后，波恩停止了贝多芬的部分津贴，虽然他的职务还保留在选帝侯的花名册上。

随着岁月的流逝，两人之间的接触越来越多，海顿也越来越多地理解和赏识贝多芬。

有一日，贝多芬听说大家为庆祝海顿的76岁诞辰而举办大型演奏会时，就把以往的误会丢在脑后，跑去要求参加：“我一定要参加，让我来参加演出，好替老师祝寿。”

这天恰巧也是海顿的得意之作《创世纪》的首演之日。乐曲在宁静祥和的气氛中展开了。随着乐曲进行的不断深入，那种汹涌澎湃的激情以及极富想象力的创作深深地打动了每一位听众，也包括贝多芬。

一曲终了，大家报以热烈的掌声。

贝多芬眼里含着泪花，走到恩师面前，虔诚地亲吻了老人的手掌和额头，诚恳地说：“祝贺您，我的恩师，您再次让我明白了什么才叫音乐。”

随后，两人的双手紧紧握在了一起。艺术消除了两人之间本不应有的隔阂，海顿也终于理解了贝多芬在艺术上的大胆创新，两人之间的误会终于烟消云散了。

在盛大的音乐会结束之后，海顿感动得老泪纵横，他激动地对贝多芬说："谢谢你，我亲爱的贝多芬！今晚，你来得太好了，真是太好了！大概今天的这次盛会，是我有生之年的最后一次吧！过来孩子，我把这个送给你留作纪念。我想你一定会接受吧？"

海顿特地叫人把刚拿来的一幅精美的铜版画送给了贝多芬："这是我的老家，是在罗拉伍的乡下。我就出生在这里，我的家就在一间以茅草做屋顶的破旧屋子里。尽管这个家不很体面，可是，一个人不管活到多大的年纪，总是忘不了老家的。这幅铜版画一直放在我身边，虽然不值钱，可我视它如同珠宝，现在我把它送给你，希望你能够在艺术上有更深的造诣。"贝多芬感动得无言以对，把这幅铜版画接了过来。

后来，贝多芬就把这幅画挂在家里的墙上，经常去凝视它。一有客人来的时候，他就不厌其烦地介绍给客人说："你看，这是我恩师海顿的老家。这样一个清苦的农家，竟会诞生一位那样伟大的人物来！多么了不起呀！"

从那次给海顿祝寿以后，海顿与贝多芬经常同台演出，合作得非常愉快。师徒之间不论是在音乐上还是生活上，都变得亲密无间。贝多芬与恩师海顿的友谊一直持续到海顿谢世。

“上帝呀！这简直是魔鬼在演奏!”

在贝多芬抵达维也纳仅八个月左右的时间内，就以其出色的音乐才能，结交了不少有影响的音乐家，特别是征服了一批贵族人物。贝多芬的天才已经赢得了维也纳人们的普遍承认与尊重。他可以举重若轻地弹奏令绝大多数人望而却步的巴赫作品，也可以在不看谱子的情况下，连续弹奏几个小时。最令人叫绝的当然还要说他的即兴演奏。有一次，他如往常一样进行即兴演奏表演，竟然使许多人潸然泪下。演奏结束后，他环顾周围那一双双哭红的眼睛，大笑道：“傻子——你们不是艺术家。艺术家是淬火而生的，他们不流泪!”

当时维也纳的音乐家们都认为贝多芬的即兴演奏是绝无仅有的。有一个深受维也纳贵族器重的钢琴家听说了贝多芬的即兴演奏后，不服气地说：“让我来跟这位年轻人较量一番吧，我一定要战胜他。”

几天以后，他却灰心丧气地说：“他简直不是人，他是魔鬼!他的即兴演奏已经达到了完美的地步，没有人能超越他!”

与此同时，贝多芬新的钢琴演奏技法竞相被人模仿。他在1794年6月给以前的恋人、现在的好朋友艾莱奥诺蕾·冯·布鲁宁写了一封信，信中附有一首极为精妙的变奏曲，灵感源自莫扎特的歌剧《费加罗的婚礼》。在信中他对艾莱奥诺蕾说：“这首变奏曲演奏起来相当难，特别是尾声中的颤音。但你千万不要被吓住或泄气。因为作品是刻意做了那样的安排，所以你只要弹奏颤音，其他音就可省略。这些音出现在钢琴部分与出现在提琴上是一样的效果。要不是我故意写了这样的作品，我也不会注意到有些维也纳人在一个晚上听到我的即兴演奏后，第二天便把我演奏中的一些特殊演奏风格模仿了去，并且扬扬得意地说是他们自己的杰作。”

这也从另一个侧面说明了当时的贝多芬是多么如日中天！

此时的贝多芬已完全长大成人，他身材仍然不高，还是其貌不扬，红红的脸上长满了斑点，一头浓密的头发总是蓬乱地遮住脸，显得有些阴郁，装束极不合时宜，常常遭到人们的嘲笑。他谈吐非常随便，丝毫看不出有什么与平常人不同的地方。

那时候的贝多芬仍然过着十分简朴的生活。他的学生，后来成为著名钢琴教育家的车尔尼第一次到他的住所拜访时，惊讶地发现，他的老师，著名音乐家贝多芬的居处竟然如此简陋和杂乱。他后来回忆道：“那年冬天的一日，贝多芬接待了我们。他的屋里乱糟糟的，纸片和衣物摆得到处都是，有几个大衣箱，几乎没有家具，只有一架钢琴，前面放着一把破旧的椅子……”

在车尔尼看来，贝多芬最可贵之处是他从不矫揉造作，始终追逐着内心的真理，按照自己的意志生活。不管是对于自己的声望，还是别人的讥讽，他都毫不在意，他对人说过：“我从没有想过为出名而作曲，那是毫无意义的。重要的是我内心的感受，我必须把它们表达出来，否则我没有快乐可言。”

1794年初这一段时间贝多芬创作了大量的乐曲，其中包括一些三重奏、六重奏。

某次，在里赫诺夫斯基邀请社会名流参加的社交晚会上，音乐家们首次试奏了贝多芬的三首钢琴三重奏。当时维也纳绝大多数的艺术家和音乐爱好者都受到了邀请，特别是海顿，因为人们都渴望听听这位大师对自己学生作品的评价。乐曲结束以后，听众的反响不同寻常。海顿对这三首曲子更加赞美不已，然而他却劝告贝多芬不要发表其中的第三首，这使贝多芬大为惊讶，因为他觉得第三首是其中最具新意也是最好的一首，能给听众带来最大的愉快。由此也可以看出，贝多芬在音乐上是如此锐意创新，走在了时代前列。

尽管贝多芬的名气越来越大，可是他并没有就此满足。他总是梦想着自己能够登上维也纳的大舞台，让自己的音乐感动更多的人。

到维也纳两年半之后，贝多芬终于如愿以偿，有机会到他神往已久的贝格剧场演奏他自己的乐曲了。1795年3月25日，“大音乐家联盟”在贝格剧院筹办了一场音乐家为孤儿寡妇举办的义演音乐会。这是贝多芬在维也纳的第一次公开演出。

贝多芬要举办音乐会的消息立刻在维也纳掀起了轩然大波，贝多芬一时间成为维也纳街头巷尾议论的人物。演出之时，听众挤满了剧院，大家兴高采烈地等待着这位天才的表演。在演奏中，贝多芬充分表现了自己与众不同的风格，将个性和激情天衣无缝地交织在一起，运用了多种变幻莫测的表现手法。他通过对踏板的巧妙使用和独创的演奏技巧，创造出了一种新的富有歌唱性的音色，达到了一种前人不敢想象的效果。

所有听众都被贝多芬演奏中蕴藏着的无所不在的天马行空、气势磅礴和充沛的激情惊呆了，他们的灵魂深处激起了巨大的波澜。

“天呀，这简直是魔鬼在演奏！”

“我这一生都没听到如此出色的演奏，他是我见过的最出色的钢琴家。”

在此次演出中，有一首用原稿演奏的新写的《降B大调钢琴协奏曲》。这个作品，竟然是在预演前几小时内完成的。

演出之前，贝多芬满怀壮志地在演奏曲里写下这样一段文字：“大师贝多芬自己创作的新钢琴协奏曲独奏会。”

演奏刚一结束，贝多芬便获得了空前热烈的雷鸣般的掌声。观众们频频向这位天才致意。贝多芬给大家深鞠一躬，然后激动地说：“在场的诸位，今天最使我感到高兴的，不是我个人演出所带来的成功和荣誉，而是我能够用艺术来为天下的贫苦人出一点力，为了他们谋求幸福。这也是我多年以来的夙愿，很感谢大家对我的理解和支持。”

这一次的登台演奏是空前成功的。像贝多芬这样充满魔力的钢琴演奏，观众们还是初次听到。大家听得如醉如痴，完全沉醉在美妙的钢琴声中。“这样的演奏真是妙不可言。

你看那曲式多么和谐，那指头的感触多强！大家听得像是被卷进了热情的风暴中！”

“真的，我们的灵魂简直都被狂风卷得东倒西歪了！钢琴竟然能表现那么复杂的曲调，真是闻所未闻！”

这样三三两两的议论，不时从剧场的各个角落里发出来。正如《维也纳杂志》所称赞的：“著名的路德维希·凡·贝多芬先生博得了大众真心诚意的赞扬。”

第一次公开演出成功后，应观众的强烈要求，信心百倍的贝多芬又准备再举办两场音乐会。翌日，剧院举行了第二次义演。这次音乐会内容还是贝多芬的即兴演奏。贝多芬在这一领域有着长期而丰富的经验。不出所料，他再一次轻松地用他魔鬼般的演奏技巧证明了他所赢得的盛誉。

在3月25日和26日两次成功的演出之后，于当月的最后一天，贝多芬再次举行了计划中的第三次公开演出。这天晚上，贝多芬演奏了莫扎特的《D小调第二十钢琴协奏曲》。这是他非常钟爱的作品。以后他自己又忍不住为莫扎特的这部杰作添上了几个华彩乐段，成为这部协奏曲的另外一个版本。

通过这三场成功的音乐会，贝多芬在维也纳终于站稳了脚跟，从此他被维也纳的人们尊为“音乐大师”，这也是音乐家的最高荣誉。

在这段时间里，贝多芬更多地被人们看做钢琴家，而不是作曲家。他的艺术是键盘艺术，他充分发展了这种演奏的艺术，达到炉火纯青的地步。高超的演奏技艺为他赢得了荣誉、朋友还有丰厚的报酬。

5月，贝多芬与海顿和莫扎特作品的发行人、音乐出版商阿塔里亚签订了合同，规定自己的作品也由阿塔里亚音乐出版公司发行，贝多芬由此获得了一笔数额不小的版权费。

秋季，声名鹊起的贝多芬的演出活动越来越频繁。11月，他受“大音乐家联盟”之托，为年度假面舞会写了两套舞曲，看来社会需要他既是钢琴演奏家，又是作曲家。

11月8日，他与恩师海顿共同参加了一场音乐会，内容包括海顿在伦敦写的三首交响曲，而贝多芬则再次演出了他非常拿手的《降B大调第二钢琴协奏曲》。《第二钢琴协奏曲》完成于1794年，当时贝多芬仅仅24岁。这部《降B大调协奏曲》在风格上都比较接近于他所推崇的莫扎特的音乐风格。在这部作品中，只要稍微留心便可以看出，贝多芬还没有摆脱18世纪古典乐派传统的影响，这些影响压抑了他的个性，却使他显得成熟。

《降B大调协奏曲》有三个乐章。第一乐章是朝气蓬勃的快板，节奏明快、悦耳动听，仍遵循着莫扎特的协奏曲原则，先是乐队铺陈主题，紧接着再由钢琴奏出自己的副部主题，一直到乐队再度进入才开始正式奏出主题。第二乐章是柔板，低沉婉转，以一曲深沉、宽广的旋律贯穿整个乐章。第三乐章是叫旋曲，快板。钢琴与乐队在跳跃性的小回旋曲中反复交叉前进，最后乐曲结束在一个贝多芬招牌式的切分音叠句上。

同是音乐巨人，此时的海顿与贝多芬的关系已经亲密无间了。1795年1月8日，师徒两人在另一场音乐会中再次合作，由海顿亲自担任指挥，贝多芬担任钢琴独奏。这两次成功的合作让师徒两人皆大欢喜。

我刚刚开始学习

随着1795年决定性的胜利，成功之后的贝多芬并没有因此沾沾自喜而停止学习，反而加倍努力，贝多芬开始着眼于未来的事业上。他已不再向约翰·申克、萨里埃利等人学习。出人意料的是，他突然恢复了对小提琴的学习，并且虚心向宫廷歌剧乐队首席小提琴手克鲁福尔茨讨教。贝多芬的小提琴拉得热烈狂野，可惜过于奔放，有时候音不太准确。他的学生里斯后来说："真不可思议……当他开始拉一个乐句时用错了指法，可是他竟然没有听出来。"

除了音乐创作外，他还阅读大量哲学和文学著作，当时一些重要的哲学家如康德、费希特，和许多大文豪如歌德、司各特、拜伦、雪莱、雨果和普希金的著作，他都仔细阅读过。为了能得到更多更好的书籍，他几乎走遍了维也纳的书店，仔细记录各种图书的价格。在他那简陋的家里堆满了藏书，有朋友拜防他时，常常看见贝多芬正捧着一本书，读得津津有味，甚至有时朋友走到他身边他都没有发现。他说过："判断一个人的能力，往往需要看他读过什么样的书，以及是否能通过阅读获得新的思想。"

贝多芬一生都勤奋好学，直到去世前不久，他还对别人说："我刚刚开始学习！"

诚然，很少有人可以像他那样，在生命中自始至终都不断地工作和学习，如饥似渴，达到忘我的境界。

每年夏天，贝多芬总是喜欢到乡下去住。只要远离喧闹的人群，回到大自然的怀抱，他的才思就变得更加敏捷，灵感才会喷涌而出。那时，他就如同一个孩童般欢快活泼。

有一次，贝多芬到乡下度假，简陋的四轮马车载着几个破旧的箱子和一大堆曲谱、书籍，在坑坑洼洼的羊肠小道上缓慢地行驶着。贝多芬徒步在后面跟着，兴高采烈的他时而打着节拍哼唱着优美的曲调，时而对着大自然的美景沉思不

语。目的地到了，马车夫回头一看，贝多芬居然不见了！马车夫大惊失色，找遍了四周也没有看到贝多芬。无奈之下，只好坐在那里等了几个小时，直到暮色降临，才把东西卸在空地上离开了。

原来，当贝多芬来到鲜花盛开的原野，看到绿油油的玉米苗随风摇摆，听到鸟儿悠扬婉转的歌唱时，灵感不期而至。他怎会错过如此良机，干脆坐在道路边，摊开纸，用笔记下了如泉水般奔涌而出的乐思。他早已忘记了马车，忘记了周围的一切。直到几个小时后，贝多芬突然听到肚子里咕噜咕噜地乱叫，这才感觉自己饿极了，抬头一望，残阳已经

沉落到天边，夜幕就要降临了。他猛然想起马车与今天的行程，大叫一声：“不好！”话音没落便“腾”地一下从地上跃起，拿起写满了符号的稿纸，匆匆向目的地赶去。可惜，他看到的只是一堆放在地上的杂物，不禁勃然大怒，可随后又放声大笑起来……

贝多芬在维也纳最初几年所过的生活是他一生中最美好的时光，勤奋努力的他终于得到了自己应有的回报。首演成功之后，他在维也纳的社会中已拥有一定的地位。在音乐上取得的巨大成功，使贝多芬接到了一个又一个邀请。频繁的巡回演出，出售作品所获得的版税，都给贝多芬带来了声誉上和经济上意想不到的好处。如同1796年他赴布拉格、莱比锡、柏林做巡回演出时写给弟弟的一封信中所提到的：“我现在的情况不错，真的很好。我的艺术使我赢得了友谊和荣誉……获得的钱也相当可观。”

为了更好地进行音乐创作，他从里赫诺夫斯基公爵的宅邸中搬了出来，自己在一个僻静的地方租了几间房，雇佣了一个男仆，还养了一匹马。一向简朴的他购置了一整套在当时被认为是非常时兴的豪华服装。他给贵族子弟上课，丝毫没有因为他们的贵族身份而另眼看待，如果学生没有才气，他就显得不耐烦。他交友甚广，既有音乐家，也有其他艺术家、作家、著名演员等，甚至还有政府要员。冯·库保是当时奥地利政府的一名官员，在他的日记中有这样的一段话：“英雄作曲家身材不高，头发蓬乱竖立，经常不梳洗。他生有一张带着麻子的丑面孔，眼睛小而发光，身体内每块肌肉似乎都在不停地运动。任何人初次见到贝多芬，无不认为他是个歇斯底里、脾气暴躁和爱争吵的醉汉，看不出他有任何音乐天赋……另一方面，如果是熟知他的朋友，由于他已颇有声望和荣誉，因此在他丑陋的面孔上，通过每一个表情确实可以看到他的音乐天才……”

贝多芬在有了名声和地位以后，心里依然惦记着远在家乡的兄弟。为了更好地尽到做兄长的责任，他写了一封信给两个弟弟，希望两个弟弟能来维也纳和他共同生活。一个月后，贝多芬的两个弟弟就从波恩赶到了维也纳。

想念弟弟的贝多芬，一看到两个亲爱的弟弟就忘了一切，当着别人的面和弟弟们拥抱起来。不等两个弟弟歇口气，思乡已久的他便不住地询问故乡波恩的情况。看到现在风光满面的贝多芬，同样想成为音乐家的卡尔说：“大哥，看样子你好像很受人欢迎呢！一位先生写信到布鲁宁家去时，曾提到过你，他说你在贝格剧场举行的演奏会非常成功，是不是？”

“那不过是才开始尝试而已，我需要更努力才行。”贝多芬回答说。然后他又问两个弟弟的音乐学习情况。

卡尔难为情地说：“在波恩那样的小地方我实在没有办法学得更好。你也知道，我现在学到的东西不多，实在没有办法比得上你。”

另一个弟弟约翰则满不在乎地说：“我对音乐实在没有兴趣，我现在唯一感兴趣的是赚钱，我要赚很多很多钱。”

对两个弟弟的回答，贝多芬难免有一些失望。不过，血浓于水，让弟弟快快乐乐生活才是最重要的。贝多芬暗忖：“再也不能让他们遭受我受过的那些苦了，一定要让他们过上安稳日子。”

贝多芬思索良久，终于想出了一个妥善的办法：“卡尔还是继续研究作曲和钢琴吧！我会帮你找好老师的。至于约翰，你还是先到学校去读书，我想从学校得到一纸证书，对你将来赚钱也非常有用。我倒是希望你所想的不仅仅是赚钱。”

这一年，贝多芬在享受兄弟亲情的同时，还收到了一份特殊礼物：维也纳著名钢琴制造商斯托里切尔特意把一架为他定做的新钢琴赠给了贝多芬，以表示他对贝多芬的尊敬和崇拜。

在当时，钢琴尚处于不断发展和完善的过程中。早期的钢琴是在羽管键琴和古钢琴的基础之上发展而来的。伦敦和维也纳都是欧洲著名的钢琴制造地，但两地所生产的钢琴却略有不同，伦敦钢琴的触感较重，声音洪亮；而维也纳钢琴的触感较轻，发音也不如前者洪亮。从作曲者的风格来考虑，莫扎特、海顿等人的演奏适合采用维也纳式钢琴，但贝多芬适合用英国钢琴，以适应他精力充沛而强有力的演奏。斯托里切尔为贝多芬制作的钢琴，结合了伦敦钢琴与维也纳钢琴的长处，并照顾了贝多芬在演奏中的个人风格，有了这架钢琴的配合，贝多芬如虎添翼。

独身的日子，仅仅是人生的一半

1797年是贝多芬丰收的一年。年初时，贝多芬出版了他的两首《大提琴与钢琴奏鸣曲》。这两部作品他曾在前一年为普鲁士国王威廉二世演奏过，由于精彩的演奏，他得到了一个通常是外国大使才能得到的金鼻烟盒。同年10月，他完成了《古钢琴与钢琴的奏鸣曲》，这是一首兼有古典风格和创新意义的进步的作品。他把这首作品献给了心爱的女伯爵克基维斯。他曾经给她上过钢琴课，并对她产生了深深的恋情。关于贝多芬与这位女伯爵的浪漫史有过许多传闻，他曾把大量的作品奉献给她，其中包括著名的《C大调第一钢琴协奏曲》。

在1797年4月的音乐会上，贝多芬奉献了自己的大作《降E大调钢琴与管乐五重奏》。这部作品实际上是在莫扎特的《降E大调钢琴与管乐五重奏》的基础上翻版而来的。他把这首乐曲献给了他初到维也纳时的一位慷慨赞助他的斯切瓦岑贝格亲王。音乐会上还演奏了一首新创作的咏叹调，由他的另一个女伴儿玛格达莱娜演唱。

玛格达莱娜天生丽质，是一个颇有魅力的女高音歌唱家，出身于波兰的一个音乐世家。她自1790年起便开始在波恩登台献艺。贝多芬与她正是在那时认识的。随着两人接触的日渐增多，贝多芬对玛格达莱娜心生爱慕，并且向这位美貌的、婀娜多姿的还有一副甜美柔和的金嗓子的妙龄女郎求婚。但玛格达莱娜委婉地拒绝了，理由是贝多芬那其貌不扬的长相和神经质的行为举止。

来到维也纳之后，身在他乡的贝多芬无比寂寞，他渴望得到一份属于自己的爱情来填补心灵的空白。贝多芬经常呼喊：“爱情，对，只有爱情才能使我幸福!”

他一生都在追求他所爱慕的女性，在他周围团团转的美丽女性那么多，但他一生没有遇到一位真爱。形影相吊的贝多芬曾感慨地说："独身的日子，仅仅是人生的一半。"

所以，他在孤独痛苦的时候，总是向上天祈祷："神明啊，请让我发现可以引导我走上光明之路的女性，能确确实实让我拥有的女性吧！"

1799年，贝多芬客居维也纳7年之后，两位贵族小姐几乎同时出现在他的生活中，他的命运也因此充满了浪漫色彩。

匈牙利有一个古老而有权势的大家族——冯·布隆思维克家族。在18世纪末的时候，身为家族之长的布隆思维克伯爵很有艺术修养。他热爱音乐，支持资产阶级革命。他膝下有四个孩子，其中三个女儿、一个儿子。不幸的是布隆思维克伯爵身体并不好，英年早逝。在他去世后不久，坚强的母亲便带着四个孩子来到了维也纳。贝多芬见到这一家人时，大女儿特蕾莎24岁，弟弟弗兰茨22岁，大妹妹约瑟芬20岁，小妹妹夏洛特17岁。贝多芬作为伯爵夫人特地请来的家庭教师，教授特蕾莎和约瑟芬钢琴。

这样一个充满自由进步精神的家庭自然对贝多芬非常有吸引力。贝多芬也真心愿意教她们姐妹二人学琴。因为时常能够听到这样两位年轻漂亮的小姐弹他的奏鸣曲，是一件非常惬意的事情。他们一家在维也纳住的时间并不长，因为思念家乡，就回匈牙利去了。在分离之日，布隆思维克一家人劝贝多芬和他们一起到匈牙利去。虽然贝多芬对匈牙利的生活并不反感，但想到自己的音乐事业，贝多芬便婉言谢绝了。贝多芬写了《想念你》这首歌的钢琴变奏曲，题赠给特蕾莎和约瑟芬。

以后贝多芬一有机会便造访他们在匈牙利的庄园，并得到特蕾莎所谓“我们由杰出人物组成的社会共和国”的接纳。正是这种志同道合，使贝多芬和特蕾莎越来越亲密。贝多芬欣赏特蕾莎的高雅迷人，特蕾莎在精神上给了贝多芬鼓励。几乎是同时，年轻而更加娇艳迷人的约瑟芬也与贝多芬之间产生了朦胧的恋情。

两姐妹同时爱上了贝多芬，贝多芬也非常爱这两姐妹。何去何从，对于贝多芬来讲真的是一个难题。在左右摇摆之间，三个人纠缠不清的恋情最终没有一个完满的结果。

贝多芬虽然因为这一对热情的姐妹而失恋了，却给我们人类文化宝库留下了一件珍贵的赠品——《月光奏鸣曲》。一百多年来，关于这首曲子的传说数不胜数，这些多是人们杜撰出来的美妙故事。有人说此曲与两姐妹有关，也有人认定此曲是写给贝多芬后来的恋人琪夏尔蒂的。其中，贝多芬散步归来在月光底下即兴演奏的说法最为动人。

《月光曲》完成于1801年，正是贝多芬与特蕾莎、约瑟芬恋情依依的时期。这段时间，多情的贝多芬与他的恋人在花前月下谈情说爱是理所当然的。该曲之所以被称为《月光奏鸣曲》，是由于一位德国诗人把该曲的第一乐章比作瑞士琉森湖上皎洁的月亮而得名的。

特蕾莎和她的弟弟弗兰茨全都终身未婚，他俩与贝多芬的亲密关系保持了一生。弗兰茨待贝多芬就如同自家亲人一样，贝多芬创作的许多曲子都是在弗兰茨美丽的庄园里完成的。在以后的日子里，贝多芬只要见到夏洛特就请她代自己向特蕾莎致意、问候，特蕾莎也始终关心这位艺术家恋人。只可惜，成年之后的两人再难以互相敞开心扉一诉衷肠，最后两人都没有找到属于自己的另一半。

由此看来，造物主从不会创造一个十全十美的人，在这方面慷慨大方地给予某人天赋，在那方面却苛刻吝啬。上帝赋予了贝多芬盖世无双的音乐天才和正直善良的心灵，却没有给予他吸引女性的外表，这确实是贝多芬人生的一大遗憾。只不过他的个人悲剧并没有对他的艺术生涯产生损害，相反，对爱的渴望成为了他生发音乐灵感绵绵不绝的源泉。

除了爱情之外，贝多芬在维也纳的头几年是非常成功的。从他这几年发表的作品里，我们可以发现他在音乐上令人难以置信的巨大成就。在成长的过程中，贝多芬天才的个性表现得是越来越明显了。他的这种天赋促使他不断向前，达到了前所未有的艺术境界。他正在从一个从小受着呆板的传统音乐教育、被传统的创作观念及手法束缚住手脚的旧艺术家迅速而彻底地转变成为新艺术的创造者。他大量吸收前人音乐文化中的一切精华，并结合自己的智慧和技巧，使之成为一种崭新的贝多芬式的音乐形式。因此，在这一阶段，“贝多芬风格”的特征已趋于成熟和明显，这预示着不久将以《第三交响曲》——英雄交响曲为代表的创作高峰的到来。

《英雄》、《悲怆》倾倒世界

1798年，贝多芬经人介绍认识了法国将军贝纳多泰。贝纳多泰是受拿破仑委派，来维也纳作为签订法奥和平条约之后恢复外交关系的代表。他早就听闻贝多芬的大名，非常赏识贝多芬的观点和音乐才华，因而建议贝多芬创作一部“英雄”交响曲。这便是贝多芬后来创作《第三交响曲》的最初动因。

翌年，贝多芬第二次访问布拉格，并再次以他神鬼莫测的钢琴演奏技艺和惊世骇俗的即兴发挥倾倒了所有的听众，彻底征服了这个具有优秀音乐传统的城市。当时的捷克著名作曲家托马塞克在欣赏了贝多芬的《C大调第一钢琴协奏曲》、《降B大调第二钢琴协奏曲》以及《A大调第二钢琴奏鸣曲》等作品之后，对贝多芬崇拜得五体投地，他认为贝多芬是他一生中所听过的伟大钢琴家们中的“巨人”。

在贝多芬第二次访问布拉格时，托马塞克仔细地聆听了他的演奏，并十分钦佩他的音乐中那种超凡脱俗的、威力无穷的神韵。托马塞克也以他自身的见解对贝多芬作品中的某些不足之处进行了中肯的批评。他从贝多芬的演奏中看到，贝多芬常常采用从一个动机转移到另外一个动机的偏离手法，非常离经叛道，也很有独创性，但他无法辨别出这些互不相关的动机之间靠什么进行有机的联系，以致那些仍然在萌芽状态中的乐思时常被突然打断。托马塞克认为这种缺陷有损于贝多芬本应白璧无瑕的作品，而这些缺陷是由于一些追求华而不实的想法造成的。贝多芬虚心采纳了托马塞克的意见，并经常与他交流经验，受益匪浅。

这一年贝多芬还结识了当时非常杰出的钢琴家克雷默。他是一位著名的古典派人物，对巴赫、亨德尔、斯卡拉蒂和莫扎特等大师极为推崇。海顿在伦敦时，就非常钦佩克雷默，曾将他作为长期合作伙伴而给予特别的关注。贝多芬也对他推崇有加，甚至把他当做唯一的杰出人物加以赞扬说：“其他所有人与他相比都微不足道！”而克雷默自己却觉得贝多芬技高一筹，他认为除了贝多芬之外，他还没听说过有谁能在毫无准备的情况下进行演奏。

当年年底出版发行的《C小调第八奏鸣曲》（悲怆）对于贝多芬来讲是一部里程碑式的作品，它使贝多芬无论在声誉上还是经济上都取得了成功，可谓名利双收。这首杰出的作品是贝多芬献给他的赞助人和朋友里赫诺夫斯基公爵的。“悲怆”这个标题是贝多芬自己加上的，由此可以想象，这是一部壮志激扬又不失凄美感伤的作品，有的音乐评论家认为这首奏鸣曲宣泄出了贝多芬“青春期的哀伤感”。

此曲是贝多芬二十八九岁时的作品，年轻人迸发出的全部悲愤和激情凝聚在“悲怆”之中，是贝多芬早期钢琴奏鸣曲中的巅峰之作。

《悲怆奏鸣曲》共分为三个乐章，全曲以其宏伟的结构、简练而不简单的手法和强烈的戏剧性的情感力量而著称，听罢全曲荡气回肠，令人无比激动。第一乐章是小调，从庄严的慢板转为活泼的快板，奏鸣曲式。开始处的引子如同在沉重的压力下的痛苦叹息，深深笼罩着一种悲凉的气氛，这正是这一乐章的重心所在。进入主部后，热情如脱缰的野马一样表现出来，音乐在急速行进中孕育着一种不可遏制的冲动，让人热血沸腾。第二乐章是慢板，由回旋曲式组成。抒情的旋律中充满了安详的气氛。这一部分是贝多芬钢琴音乐中极其出色的一个乐章，是不可多得的上乘之作。第三乐章是回旋曲，快板，音乐中充满田园风格，如同让人置身于农舍麦田之间，富于幻想性。这一主题朴实优雅却也柔美动人，旋律可能与贝多芬家乡波恩的民歌有关，其中蕴涵着一种柔肠寸断的悲伤情绪。尾声处则表现出坚强不屈、斩钉截铁般的意志和力量。

这首奏鸣曲无疑是贝多芬早期钢琴奏鸣曲中的最为成功的作品，在他的钢琴奏鸣曲的创作发展史上，可谓是一座巍峨的高山。这部作品称得上是一座真正的花园，欢愉、绚丽、丰满。其中，一束玫瑰带着初放的花瓣孤零零地立在那里，这花儿比其他的花更美、更纯正，香气更浓。这就是贝多芬的灵魂，孤独悲怆的灵魂。它是一部独创精神的标志性作品，脱尽了前人影响的最后一丝痕迹。由于这首奏鸣曲技巧上并不复杂，没有太过刁钻的曲调，对于钢琴初学者来说很有亲切感，而且也容易上手演奏，因此，1799年总谱刚一出版，即被抢购一空。维也纳权威的《大众音乐》杂志也在1800年2月19日发表评论，对这部作品做了高度的评价，文中不惜运用了大量溢美之词，贝多芬不愧是继往开来的大师。

《悲怆奏鸣曲》的横空出世，既标志着过去的结束，同时也标志着新的开始。就像任何新事物的出现都会伴随着激烈的斗争一样，围绕着贝多芬所进行的激烈论辩也是不可避免的事。

年轻人乐于接受新思想、新事物，他们当仁不让地成为支持贝多芬的主力军。而另外一些人，特别是那些思想保守的人，他们主要是旧音乐风格的拥护者，意大利的早期古典乐派如阿尔比诺尼、维瓦尔第音乐的崇拜者们，对贝多芬音乐从内容到形式所表现出的一切都嗤之以鼻，甚至在公众场合挖苦、攻击。比如，有人于1799年6月5日在莱比锡影响极大的《大众音乐》杂志上发表了一篇文章，针对贝多芬1798年出版的《提琴与钢琴奏鸣曲集》（献给萨里埃利）和1799年出版的《第八钢琴奏鸣曲》也就是著名的《悲怆》这两部作品进行了讽刺和挖苦："有一位曾对贝多芬的钢琴音乐并不太了解的资深音乐评论家，在认真研究了这些极具个性化的奏鸣曲之后，仍然感到它们存在着无法弥补的缺陷。他承认演奏中所表现出的那种慑人心魄的巨大热情，就像与志同道合者在美丽的林中漫步一样令人感到惬意。但同时，又因为不时受到杂乱的树丛的阻挡而最终把人搞得筋疲力尽，毫无美感。很明显，贝多芬是在尝试着走一条自己的路，但这是一条充满荆棘和艰难困苦的道路。他在乐曲中所要表现的是深奥，深奥，还是深奥！没有一点平易近人的东西，缺乏旋律感和歌唱性。如果仔细地加以分析，就会发现它们充其量不过是一堆没有经过整理的支离破碎、杂乱无章的原始素材的堆砌罢了。使人更难以恭维的是古怪的转调之后的对位手法。这种可怕的困难使你最终忍无可忍，并丧失所有的快乐。"

对于这些讽刺和挖苦，贝多芬毫不放在心上。他相信时间会最终证明一切，那些反对他音乐风格的人在时代潮流面前不过是螳臂当车而已。在音乐路途中，贝多芬大步向前把竞争者远远甩在了身后。

确实，随着1799年行将过去，旧的世纪将要成为历史，而新世纪的曙光已经在不知不觉间来临了。

第四章

与命运抗争

◆ 听不见自己的音乐
◆ 与死神擦肩而过
◆ 用爱谱写“月光”的神话
◆ 震撼灵魂的打击
◆ 逃离现实
◆ 遗嘱背后的英雄
◆ 重新出发

听不见自己的音乐

夏末秋初的维也纳近郊，碧绿的草地里，开着紫罗兰花和铃兰花；在灌木林中的空地上，生长着鲜红的草莓。此时此刻的维也纳森林是一年中最迷人的时候，那么幽静、芬芳，令人感到阵阵的凉爽和惬意。

也不知道从什么时候起，居住在这里的人们，时常可以看到一位其貌不扬的先生在草地上、在林溪旁、在弯弯曲曲的小路上散步。他身材粗矮，肩臂宽阔，丰满的额头下面，是一张突出的嘴，乱蓬蓬的长发在微风的吹拂下一掀一掀的，使得他的外貌活像是一只发怒的公鸡。

这就是已经三十多岁的贝多芬。这时，在那看似粗壮的外表下面，病魔却已悄悄地开始折磨他，这个病魔就是耳疾。耳疾的最初征兆出现在他26岁那年。

那是一个冬日的

清晨，贝多芬像往常一样，早早地就起床准备去外面散步。他刚要出门，忽然听见了一种低沉的嗡嗡声，好像是风声从耳边吹过一样。他推开门，却见外面天空蔚蓝，四周一派宁和的景象。这到底是怎么回事?是什么声音呢?他惊慌失措地跑了出去，想找出这声音究竟是从哪儿发出来的。可是，外面什么事情也没有发生。就像笼中的困兽一样，贝多芬在门前乱转着。他拼命地用手捂住耳朵，可是那声音仍在不停地响着，奇怪极了。

“怎么了，我这是怎么啦?”贝多芬慌了。他烦躁地抱着头，冲进了房里，迫不及待地坐在钢琴前，努力镇定了一下自己的情绪，开始弹自己刚刚写了一半的《G大调钢琴奏鸣曲》。可是他听不到低音，就是高音也听不大清楚。“我的耳朵，我的耳朵!”贝多芬发狂一般跑到了维也纳著名医生弗兰克先生开设的诊所里。“先生，不要紧，您可能是得了感冒，再加上体虚。我想，杏仁油对您的耳疾可能会有疗效，每天滴四次，用不了两个星期，耳鸣就会消失的。另外，我再给你开一些补药，您要按时吃，放心吧，一切都会过去的。”弗兰克医生的诊断，使贝多芬松了一口气。他相信这位医生的医术，也相信自己的病不久以后便会痊愈。

回到家后，贝多芬立即往耳朵里滴了些杏仁油，感觉似乎好了一些，并且能够模模糊糊地听见窗外的鸟叫，贝多芬的心中不禁充满了喜悦。

然而过了几天，情况又开始变坏了，那种惹人心烦的、恐怖的嗡嗡声，重新回到贝多芬的耳朵里。难道是弗兰克医生的诊断有误吗?于是，贝多芬又找到了弗兰克医生，请他再仔细检查一下。可是弗兰克医生依然认为耳鸣是由于过度疲劳造成的。他安慰了贝多芬一番，又给他开了些药后，便结束了诊治。

弗兰克医生的药，意外地治好了贝多芬近日来发作的肠胃病，但是对耳鸣没有丝毫帮助。而且随着时间的推移，它出现的频率也越来越高了。有的时候，贝多芬独自坐在静静的房间里，耳中便充满了“沙沙”声，就像刮风时树叶发出的声音一样，每当出现这种耳鸣时，其他的声音就都听不见了。

时好时坏的听觉，近乎残酷地折磨着贝多芬，也使得他的情绪变得反复无常起来。有的时候，早晨刚起床，贝多芬感到耳朵很舒服，没有出现那“嗡嗡”的鸣叫声，就会伸手抓过床头的茶杯，用手指弹着它。听着杯子发出清脆的声音，贝多芬会欣慰地笑笑，觉得自己的听力也许就要好转了，还和从前一样。

冬去春来，大自然的万物都渐渐地从沉睡中苏醒过来。而此时，贝多芬的耳中却是一片死寂，这使得他陷入了从未有过的痛苦之中。4月12日那天清晨，天气异常的晴朗。醒来后，贝多芬习惯性地拿起杯子，用指头弹了两下。这些天来，这种悦耳的声音一直能闯进他的耳鼓，然而今天他却没能听到这熟悉的声音。他又用力弹了两下，还是什么声音也听不到。贝多芬吓坏了，慌忙从床上跳下地来，将手中的杯子用力摔向地板。杯子立刻“无声”地变成了一堆碎片。贝多芬极度恐惧，他疯狂地跳起来，冲出了房间，奔向那茂密的维也纳森林。

“为什么?这到底是为什么?”贝多芬在心里问着上帝，“啊!命运为什么对我总是这样的不公平?”

从此，贝多芬变得很少出门，如果没有什么至关重要的事情和约会，就连平时最要好的朋友他也很少去拜访。他整日把自己关在房间里，把自己深深地埋在孤独和痛苦之中。最后，贝多芬又不得不到弗兰克先生的诊所里去。弗兰克经过仔细诊断后大惊失色，他睁大眼睛注视着贝多芬，就像是第一次认识他一样。

“贝多芬先生，您是一个才华出众的勇敢的音乐家，对于勇敢的人我应该诚实地告诉您，不该隐瞒任何有关您病情的事情。”看着弗兰克医生那一开一合的嘴，贝多芬疑惑地皱起了眉头,原来他根本就听不见弗兰克医生在说些什么。无奈的弗兰克只好取来纸笔准备将这番话写下来给贝多芬看。

一种不祥的预感涌上了贝多芬的心头。他不禁发起抖来。但是很快他就努力克制住了自己的失态，对弗兰克医生轻轻地点了点头：“请说吧，我亲爱的弗兰克先生，这到底是怎么回事?”

于是弗兰克医生又在纸上写道：“贝多芬先生，非常遗憾地告诉您，您得了一种遗传性的耳炎，药物恐怕已经无法治疗。可以说你聋了，你正在逐渐丧失听力。”

“啊！什么？”贝多芬惊叫了一声，从椅子上摔倒在地上。“我要聋了？”贝多芬睁大了眼睛。尽管在心理上他早已经有了准备，但是看到这个诊断的结果后，他还是受到了巨大的打击。

“是的，真的是很遗憾。”弗兰克医生摊开了双手，露出了无可奈何的神态。

贝多芬的精神在这一瞬间几乎完全垮掉了。耳聋，这对一个音乐家来说就意味着死亡。不，这简直比死亡还可怕！他再也听不见音乐，再也不能弹钢琴，这等于毁掉了他全部的艺术生命。

回到家中，贝多芬呆呆地坐在钢琴边，心中充满了无比巨大的痛苦。他从桌上抓起《G大调钢琴奏鸣曲》的谱子，在琴键上弹了几下，美妙的音乐声真的不见了，只有那“沙沙”声在连续不断地敲打着他那沉闷死寂的耳鼓。贝多芬声

嘶力竭地高喊道："主啊，完啦！我贝多芬一切都完啦！我应该怎么办？"

与死神擦肩而过

现实的确是残酷的，音乐天才即将面临艺术生命的终结，面临将被挤出音乐舞台的惨境。贝多芬忍受不了这突如其来的灾难，他从柜子里拿出一把手枪，装上子弹后把枪口对准自己的太阳穴……原本经历了上一次的磨难、早已对死亡无惧的贝多芬又一次决定了结生命。寂静中，他听到了自己的一颗心还在跳动，他想到了慈祥的母亲、内弗先生、艾莱奥诺蕾小姐等，他们是否会同意自己的这种选择？于是，他放下了手枪，放弃了刚才荒唐的想法，冲着半空中用力地挥了挥拳头坚定地高声叫道："不，我不能这么做。我要勇敢地活下去。"

贝多芬回转身子重新坐回到琴凳上，抓起笔和纸，在空白的乐谱上急速地写起来。写呀，写呀，一直写到深夜。他一气呵成，完成了《第十钢琴奏鸣曲》，这才长长地舒了一口气。然后，他通读了一遍曲谱，坐在钢琴前兴致勃勃地弹了起来。虽然他听不见琴音，但是他看着乐谱，看着琴键的跳动，凭着想象力，神话般地听见了一连串美妙悦耳的音符。这一切弥合了他那颗破碎的心，增强了他继续活下去的勇气。

后来的一个时期，贝多芬的耳朵日夜作响，简直像魔鬼的嚎叫，不仅搅得他头脑发昏，甚至五脏六腑也痛苦难忍。他一直瞒着周围的人，独自保守着这个可怕的秘密，连亲近的朋友也不例外。他不想让任何人知道他困难的处境，尽量避免与人见面，很少参加社交活动，给别人的授课也取消了。偶尔有人来访，他就借口说暂时患了耳疾，不会影响他的创作。他常常一个人闭门不出，夜以继日地埋头创作。时间久了，他看着五线谱上的音符，就能够本能地想象出明快的音乐来。他写好的曲子，常常请别人拿去演奏，结果舞台效果惊人地好。他的奏鸣曲，在整个维也纳的天空中回荡着。惊人的赞赏和高度的评价，常常占据当地许多报纸的版面。

在短短四五年的时间里，贝多芬顽强地与命运抗争，写下了数十首乐曲。其中包括著名的《第一交响曲》、《第二交响曲》、《第一钢琴协奏曲》、《第二钢琴协奏曲》以及钢琴奏鸣曲《悲怆》、《月光》和《田园》等。尽管他是孤独寂寞的，但是那永不衰竭的创作冲动，使他沉浸在舒适、安详和肃穆的气氛之中。

但是，耳聋已是不可更改的事实，无论创作给贝多芬带来多少欢乐，他也不可能忘记自己的病情，没有人能够体会出这几年贝多芬内心深处隐藏着的巨大痛苦。没有耳疾的折磨，我们的音乐家也许会做得更好，我们在为这位顽强的音乐家叫好的同时，也不得不哀惋他的不幸！一个渴望为人类奉献的音乐家，在他年富力强、才思敏锐的年华就双耳失聪，从此只能隐遁于万籁寂静的内心生活中，和外界以及一切声音隔绝，再不能从他的精神支柱——音乐中去探索艺术的天堂。这种打击是可怕的！

令人庆幸的是，在首部交响乐取得了巨大成功的同时，沉浸在成功的喜悦中的贝多芬又与属于自己的一段恋情邂逅了。“没有爱情，谁能活在这个世界上呢?”这是贝多芬发自肺腑的一句话。而爱情与贝多芬距离最近的一次就是1801年的这次。

在1801年11月16日贝多芬写给好友的一封信中，他第一次向外人提到了这件事：“我的生活又重新愉快起来，我也愿意与人们更多地接触了。你无法想象我两年来过的是何等的孤独与悲凉的生活。可恶的疾病到处阻碍着我，就好像一个幽灵一般。而我也在躲避着人群。别人一定以为我这是对别人抱有成见，其实并非如此。如今这种情况发生了变化，这变化是因为一个可爱的姑娘的魅力促成的。她爱我，我也爱她。这是两年来我遇到的幸福的日子，这美好的时光让我刻骨铭心。我第一次觉得婚姻能给人幸福。遗憾的是，她的情况和我不同。说句老实话，现在我还没有打算结婚，还得勇敢地挣扎一下才行……”

贝多芬提到的这姑娘是谁呢?她身上究竟有何种魔力让病痛中的贝多芬如此着迷、为他带来巨大的心理安慰呢?

用爱谱写“月光”的神话

这位绝色佳人就是琪夏尔蒂。她的爱情对贝多芬同时具有拯救和毁灭的力量。

琪夏尔蒂(1784—1856)是一位婀娜秀丽的意大利女高音歌唱家，她出身高贵，比贝多芬小14岁，当时芳龄16岁，正值花季。这位迷人的妙龄少女是在1800年的4月间，在冯·布隆思维克伯爵家中与贝多芬邂逅相遇的。当时贝多芬是冯·布隆思维克的两个女儿——约瑟芬和特蕾莎的钢琴教师，而琪夏尔蒂与约瑟芬和特蕾莎是表姐妹的亲戚关系。我们之前提到过，多情的贝多芬与冯·布隆思维克的两个女儿有过一段美好的感情，虽然这纠缠不清的三人最终没有能够结合，但三人间的友谊却伴随了他们的一生。在与两姐妹恋爱的同时，贝多芬还爱上了她俩美丽的小表妹琪夏尔蒂。

天生敏感的贝多芬对年轻的琪夏尔蒂可谓是一见钟情。当这位漂亮迷人、长着一对水灵灵的大眼睛和高挑身段的贵族小姐，含情脉脉地伸出她那洁白纤细的玉手与他握手的时候，贝多芬竟然激动得连话也说不出来了，当时的他已经神魂颠倒，完全被这个小美人迷住了。热血沸腾的贝多芬事后感叹说，他要爱就爱这样美貌的女性，否则还不如爱他自己。

贝多芬试图接近琪夏尔蒂，开始教她弹钢琴。出于对贝多芬的天分的仰慕，琪夏尔蒂对眼前这个其貌不扬、不拘小节却充满激情的钢琴家也产生了好感。最初的一段时间里，两人花前月下、两情相悦，曾非常热烈而真挚地相爱着。

关于这段爱情，后世流传着一个非常浪漫动人的故事。据传，贝多芬的名作《月光奏鸣曲》最初的灵感正是来自于这位天生丽质的美人，是他特意为琪夏尔蒂而作的。某天，当心血来潮的贝多芬刚刚谱写完一首乐曲之后，他激动万分，立刻跑到琪夏尔蒂面前。见到心上人，贝多芬难掩心中的兴奋，他大喊："琪莲泰（"琪莲泰"是对琪夏尔蒂的爱称），我为你写了一篇非常好的乐曲。"贝多芬像着了魔一样，马上坐到钢琴边去，动情地弹起他的那首刚刚谱成的新乐曲。

"能听懂吗?琪夏尔蒂。"贝多芬热切地追问。

琪夏尔蒂愣愣地像处在一个无边际的梦境之中，她把颤抖的手搁在贝多芬的肩膀上："啊!这是一首多么幽雅而美妙的曲子啊。第一乐章，使人听了立刻会想到那浮动在湖面上的月亮的倒影。第二乐章，真像在月光下看仙子翩翩起舞。而第三乐章，却使人感到有一种将被大风暴卷住的热情。谢谢你，贝多芬，我一定要努力学会这首曲子。"

"噢，琪夏尔蒂，你比世界上的任何人都要明了我的心思!我的辛苦，总算没有白费，同时，我的爱……"

"贝多芬，我爱你!"

琪夏尔蒂动情地投入贝多芬的怀抱里。而贝多芬呢，他激动得差点晕倒。他再也想象不出世界上还有什么幸福比得上他此时的幸福。他认定了，琪夏尔蒂就是他梦中的天使，就是他美丽的新娘。

然而，事情并不像他们想象的那样简单。爱是一回事，婚姻却是另一回事。同之前的经历相仿，贵族出身的琪夏尔蒂小姐和平民出身的贝多芬之间始终存在着一层隔阂，两人无法跨越这道不可逾越的鸿沟。在贵族的观念中，与平民结婚是一件极不光彩的事情，传出去有辱家风。所以，好景不长，这对恋人灼热的爱情如同昙花一现彻底消逝了，两人之间摩擦不断。而琪夏尔蒂喜欢卖弄风情和自私的天性，更加速了他们两人关系的破裂。最终，这位贵族小姐嫁给了一位属于她那个阶层的伯爵，然后，他们去了意大利。

虽然两人不欢而散，但贝多芬却始终没有忘记这个姑娘，在贝多芬书房书桌的抽屉里，人们还发现了琪夏尔蒂的画像，他在上面写着“不朽的爱人”。这对贝多芬来讲是一次既美丽而又凄惨的爱情。

贝多芬曾经说“没有爱情，谁能够活在这世上”，对于把爱情当做生命中最为宝贵的东西的贝多芬来讲，这个创伤，也许永远都无法从心头抹去了。

1821的时候，琪夏尔蒂又回到了维也纳。此时的她无比憔悴，她的丈夫好赌成性，在外面惹是生非，终于不可收拾。走投无路之时，她也许是想利用贝多芬过去的情爱，要他帮助她的丈夫。贝多芬想都没想，一口答应了。贝多芬对好友魏格勒解释他这么做的原因时说：“他是我的情敌，所以我更要尽力帮助他。”对于时隔若干年后琪夏尔蒂又来向他求助，贝多芬虽然伸出援助之手，但对她很冷淡，而且流露出轻视她的态度。他对魏格勒说：“她来到维也纳找我，而且还一边哭着，可是我已经瞧不起她了。”

贝多芬与琪夏尔蒂这段只开花不结果的爱情，给后人留下的唯一的纪念就是贝多芬献给琪夏尔蒂的礼物——著名的《月光奏鸣曲》。在这部钢琴奏鸣曲中贝多芬寄托了自己对这位可爱迷人的南国佳丽琪夏尔蒂的绵绵情思。后世的人们对这首美丽动听的乐曲又产生了许多浪漫的遐想，不同版本的故事在大众中广为流传。其中有一种说法极为凄美动人，传说有一天贝多芬站在月光笼罩的窗前，聆听一位双目失明

的少女弹琴，从而激发了他的音乐灵感，谱成了这首乐曲，并亲手演奏给贫苦的盲女孩儿听。而实际上，这些传说都不足为信，是杜撰出来的、毫无事实根据的故事。

《升C小调奏鸣曲》本是一部无标题音乐，只是由于德国著名诗人海因里希·雷尔斯塔布在聆听到这部作品之后大为赞叹，把它的第一乐章——慢板比作瑞士琉森湖上的月光而得名，“月光”的标题由此广为流传。也许雷尔斯塔布这个著名的比喻实际上也只是对乐曲某一部分的误解罢了。

这首《升C小调奏鸣曲》非常接近于贝多芬的创作成熟期的作品。如同他的大部分杰作一样，这部作品展开了贝多芬隐秘的心灵世界，触及到了灵魂的最深处。而且，在克服作品思想内涵的狭隘性，涉及人生更广泛的问题方面，贝多芬在这一时期创作的作品已经开始有了比前期作品明显的进步。当然，《升C小调奏鸣曲》还没有尽善尽美，距离真正的成熟期作品还有一定差距，内心的斗争还没有像成熟期的作品那样以乐观的情绪来加以化解，这种化解方式是在他后来的交响曲里才明显地表现出来的。不过，在这部奏鸣曲的三个乐章中，贝多芬的内心之海从风平浪静转为波涛汹涌；从深深的悲哀转向烈火般的抗议；从抒情的、形而上的思考转向斗争，转向行动。

乐曲的第一乐章是慢板，三部曲式，深刻地表现了难以宣泄的悲哀。这里有冥想的柔情，悲伤的倾诉，也有克制着的冲动和不祥的预感。虽然伴奏、主题和力度无明显

◎慢板：常见于交响曲或协奏曲的第二乐章。每分钟52拍。

> ◎小步舞曲：源于欧洲民间的一种三拍子舞曲，后来传入宫廷，因为速度不快，可以在跳舞时表现各种礼仪，受到法国国王路易十四的喜好和提倡，因此开始风行全欧洲。

改变，但仍通过和声、音压、节奏的变化，在细微之处表现了作者心弦的波动。第二乐章是小快板，复三部曲式，采用小步舞曲的形式。贯穿第二章始终的是优雅轻盈的音调，与第一乐章的情感形成对照，好像是不经意间留下的若有若无的微笑。第三乐章是节奏较快、略显激动的快板，奏鸣曲式。虽然在音调上第一主题与第二乐章有紧密联系，但表达的感情则大相径庭。第一主题是热情不可遏制的沸腾和爆发，犹如激烈的雷霆。第二主题像是在你耳旁的窃窃私语。结束部分中连续八分音符斩钉截铁般的节奏，表现了内心狂风暴雨般的冲动和坚强的意志。经过短短的展开部分后，内心的激动表现得更为强烈。在尾声中，沸腾的热情爆发之时，突然沉寂下来，但听众汹涌澎湃的心潮不可能就此平静，仍然在动荡之中。

这首奏鸣曲是贝多芬所有钢琴奏鸣曲中最广为人知、最受欢迎的一首。这部伟大的作品至今仍然是各种公众场合以及各家音乐出版公司最常上演和录制发行的热门曲目之一。它肯定了人的意志力量，坚信意志能够控制感情和情欲，并向世人深深表露了自己孤独但坚强的内心。

贝多芬所表现出的积极探索的精神也非常明显，他顽强地想克服这种由严重的耳疾所造成的心理问题，想摆脱脱离社会群体的、孤独的、个人的封闭式生活。

震撼灵魂的打击

在这个时候，最理想的是有一个妻子能在贝多芬的身边，安慰他，体贴他，分担他的痛苦。但是贝多芬没有妻子，在他走过的生活道路上，他曾经遇见过几个爱他的姑娘，可惜都一个个地失之交臂。想起来是多么遥远，好像都已变成了记忆中的灰烬！自从贝多芬渐渐失去听觉以后，他好像连爱的权利也失去了。

在这孤独的日子里，除了埋头创作外，贝多芬阅读了大量书籍。特别是古希腊传记作家普鲁塔克所写的那些古希腊罗马统帅和政治家们的精彩传记，让他受益匪浅。这些古代的政治家和统帅，完全凭借自己为公众利益建立的功勋而获得贵族的称号。他们成了贝多芬心中的楷模，他们的情操，他们的古典美德，都被他视为最高典范。

可是，失去听觉迫使贝多芬离开了社交生活，这不能不让他感到心碎。他不止一次地在内心呼喊着："不，默默无闻地打发日子，这不是我贝多芬所选择的生活！我要向我的命运挑战。"贝多芬顺天从命，却并非软弱屈从，而是积极地自我制约。

一些细心的人还是渐渐注意到了贝多芬生活中所发生的变化。那就是每当贝多芬到剧院里指导排练的时候，总要紧挨着乐队坐着。因为只有这样，他才能够听清演员的台词。假如坐得稍远一点儿，乐器和歌声中的低音他便听不见了。有些令人奇怪的是，在和别人交谈时，大多数人竟然从未发现贝多芬的听觉有什么异常之处，因为在他们的印象中，贝多芬在听对方讲话的时候总是流露出一副心不在焉的样子，有时他也勉强能听到别人柔声说话，可只能听到声音，却听不清字句。

1802年的夏天是贝多芬的艰难困苦达到顶点的时候。他早已对病痛的折磨习以为常，但他脆弱的情感却几乎承受不了沉重的打击。他所迷恋的朱丽叶塔·桂查尔迪小姐离他而去，宣布与加仑堡伯爵订婚。朱丽叶塔小姐的父亲，那个固执的老头儿认为贝多芬一无地位，二无财产，因此他断定这个写“小曲”的音乐家在婚姻问题上是没有优越性的。正是这种断言拆散了贝多芬与朱丽叶塔的结合。这件事把贝多芬重新推进绝望的深渊。贝多芬几乎闭门不出，断绝了和别人的一切来往。

对贝多芬来说，这是一个多么可怕的日子！

日落后的暮色越来越黑，什么也看不真切，什么也捉摸不定。老仆人见主人的脸色古怪阴沉，猜测着又出了什么事。果然，这天晚上，贝多芬破例没有弹琴，一个人孤独地坐在门前的石头上，仰着毫无表情的脸，望着黑沉沉的夜空，久久地沉思不语。

在这一段可怕的日子里，忠实的老仆人发现，主人常常独自在屋子里自言自语。有时候，还低声地哭泣。甚至有时候，他禁不住一边痛哭流涕，一边捏紧拳头，捶着胸脯大叫……老仆人还常常在凌晨被钢琴声惊醒。琴声哀伤，令人心碎。

后来的几天里，贝多芬患了重伤风，耳疾更严重了，他周围的整个世界都像死一般的寂静。但是贝多芬却好像从昏迷状态中苏醒过来了，窗外明媚的阳光使他产生了清醒的力量。如同物理学中作用力与反作用力一样，命运用多大的力量打击他，他就用多大的力量抗击命运。

创作最需要冲动、激情和勇气，而这一切，贝多芬完全具备。他不能再沉默了，如果再这样下去，维也纳和整个世界就会忘记乐坛上还有一个贝多芬。他精神抖擞地嘱咐老仆人说："去吧，请你赶快给我煮一点咖啡！我要重返音乐的世界中去，复活那已经灭亡的音乐世界！"

贝多芬用三天三夜的时间，废寝忘食，创作了歌剧《蕾欧诺瑞》（1814年5月26日第四次公演时改名为《费德里奥》）的主题曲。那天早晨，完成了这部主题曲之后，他进行了几次试弹。虽然他听不到，然而凭着自己指法的弹跳和五线谱上灵活的音符，他完全感受得到这支曲子的绝妙之处。喜悦和幸福感使他情不自禁地大喊道："谢天谢地，我贝多芬不是真正的聋子，我能听见我乐曲中的声音！"兴奋的贝多芬又按着乐谱弹奏了一遍，然后打发老仆人把《蕾欧诺瑞》主题曲的乐谱给维也纳大乐队总指挥翁洛夫送去。这一天，贝多芬的脸上有太多太多的微笑，这是因为他心中曾经有太多太多的泪水啊！患耳疾后的他又开始了创作的征程，用自己的心灵，打开了通向音乐世界的窗口。

几天后，维也纳大乐队总指挥翁洛夫前来拜访，他跟贝多芬是老朋友了。一见面，贝多芬就拿出纸和笔，送到客人的眼前，脸上浮现出一丝拘谨的笑容，说道："对不起！总指挥先生，我的耳朵不行了。有什么事，请你把话写在纸上

和我谈吧。”

翁洛夫在纸上写道：“惊悉先生听觉衰退，我代表全乐队成员，向先生表示最衷心的慰问和深切的同情！”贝多芬看了看，说道：“谢谢！请放心，音乐会让我勇敢地活下去，坚持写我的曲子。”翁洛夫高兴得跳了起来：“那真是太好了！这简直是人类的幸福！”

翁洛夫在纸上告诉贝多芬，他新近创作的歌剧《蕾欧诺瑞》主题曲，乐队试奏过了，一致表示满意。歌剧很快会在维也纳上演。盛名经久不衰的歌剧《蕾欧诺瑞》，加上贝多芬的配曲，上演后一定能轰动整个维也纳。

贝多芬当即表示，他要亲自出马指挥。翁洛夫见贝多芬如此直率、坦诚，就欣然点头同意了。翁洛夫仍然欢迎贝多芬指挥还有另一层原因，那就是只要海报上登出，由贝多芬亲自出场指挥歌剧，剧场就会座无虚席，场场爆满，生意兴隆。

歌剧《蕾欧诺瑞》首次预演如期举行了，贝多芬坐着马车赶往剧院。透过蒙着水汽的玻璃窗，贝多芬看见街上川流不息的人群都拥向剧院门口，他那温柔的眼睛里，禁不住流露出难以掩饰的喜悦和自豪。

一到剧院门口，贝多芬就迫不及待地跳下马车，草草地梳理了一下蓬乱的长发，拿起指挥棒就上台了。紫红色的丝绒帷幕还没有拉开，演员还没有出场亮相，台下就爆发出惊雷似的鼓掌声。有人不停地在喊："贝多芬!贝多芬!"观众好像不是来看戏剧，倒好像是来欣赏贝多芬的英姿的。

歌剧开幕后，贝多芬以他技巧娴熟的指挥，使乐队和歌剧配合得挥洒自如。可是演到第一幕二重唱时，贝多芬头脑中忽然嗡地一响，耳朵听不见舞台上的歌声了。在犹豫中，他指挥的速度缓慢了。虽然乐队队员们个个受过良好的教育和训练，也熟悉乐谱，但是任何乐队都有一条铁的纪律，那就是每一个乐手都必须听从指挥棒的指挥。乐队只能跟着贝多芬犹豫的指挥动作缓慢地演奏下去，而台上的演员却依然自顾自地往下唱。

离弦了!走调了!结果可想而知，台上台下都是一片混乱。导演和后台工作者心惊胆战，默默地祈祷希望贝多芬能够跟上去，但是他什么也听不见!台下在骚动，有的观众戴上帽子离场。谁也没有勇气对那位声誉极高的指挥喊一声："走吧，可怜的聋子，快放下指挥棒，你不能指挥了!"

贝多芬终于还是从乐手的神情中敏感地觉察出发生了什么事，回头看了看台底下。太可怕了，观众都快要走光了。他只觉着一阵眩晕，天旋地转，便"咚"的一声，昏倒在指挥台上。

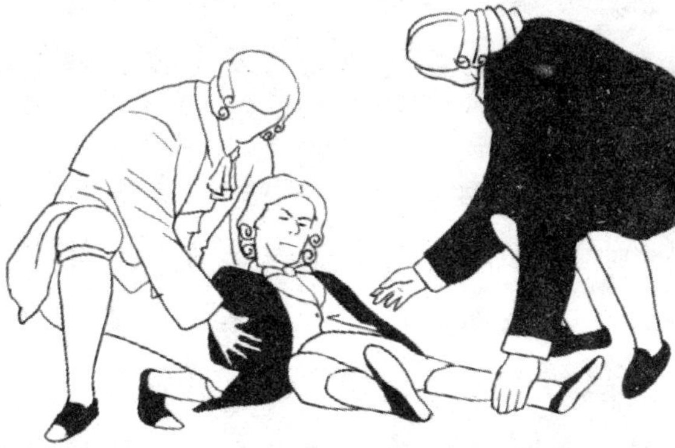

这实在是贝多芬一生中最可怕、最伤

心的一个夜晚。

他倒在了自己表演的舞台上。他要扼住命运的咽喉，而命运却再一次扼住了他的咽喉。

逃离现实

《蕾欧诺瑞》歌剧的指挥失败，简直是一次震撼灵魂的打击。贝多芬像受了酷刑一样，浑身战栗不止，绝望地走出了剧院。他望着阴沉的苍穹喃喃自语："我究竟做错了什么?命运竟然这样残酷地惩罚我!"

好像他一来到这个世界上，命运就不公正地让他承受接二连三的打击。是的，三十多年的艺术生涯，贝多芬曾经有过血的奔放和泪的激流，有过痛苦的忍受和劳役的磨难，可是任何一次打击和折磨，也没有这一次沉重。

朋友们陪着贝多芬到弗兰克医生的诊所去。弗兰克医生仔细地诊断后告诉他，服药可以暂时缓和一下病情，稍许恢复一点儿听觉，但如果想完全恢复听力，医药实在是无能为力。弗兰克医生善意地劝告贝多芬，今后不要再登台指挥乐队了。

从这天以后，贝多芬对什么都变得麻木冷漠，整天在附近的林子里毫无目的地走来走去，不管是烈日当头，还是大雨倾盆，他都在外面游荡不止，直到傍晚，才精疲力竭地回到简陋的小屋里，躺在冰凉的床上，等待着睡意来临。可"魔鬼"般的声音又开始在耳朵里吵闹起来，害得他状态越来越差，也越来越听不见声音。

按照维也纳人的习惯，夏季来临，通常要到乡村去消夏，可是过去的几年，贝多芬从未带着他的行囊去消夏。这一次他接受了医生的建议，在以硫磺温泉而著名的海利根斯塔特村中的一所住宅中租了一个十分宽敞的房间。

海利根斯塔特是多瑙河边一个僻静的小村庄，从维也纳到那里，如果搭乘马车只需一个小时就够了，在一个晚霞灿烂的黄昏，贝多芬在他的学生里斯的陪同下，搬进了这个房间。

费迪南德·里斯是费朗兹·里斯的儿子，在招收车尔尼作为学生的第二年，贝多芬幸运地收他为徒。当初，17岁的贝多芬失去母亲，在父亲无力养家的情况下，费朗兹·里斯给予了他经济上的帮助。贝多芬不仅欣赏费迪南德·里斯的才华，还想报答他父亲解救自己一家人的窘境的恩情。因此，他对费迪南德·里斯关照有加，而费迪南德·里斯也就成了贝多芬最亲密的学生。费迪南德·里斯后来回忆道："当贝多芬给我上课的时候，说实在话比别人要更有耐性也更为细心。我不得不把这种自始至终的耐心和友好情谊归之于他对我父亲的报答与友爱。正因如此，有时他甚至允许我弹奏的东西重复到10次甚至更多的次数。

"有一次，当我弹奏他赠献给公主奥黛丝斯卡奇的《变奏曲》最后的'柔板'时，我被迫弹了大概十七次之多。他对那些短小的华彩部分，尽管我认为已弹得和他毫无二致，可是他仍感到不满意。这一天，一堂课几乎拖延到两小时之久。假如我弹错了乐曲中的某一个地方或漏掉几个音或跳过去的时候，他很少说什么，但如果我在表情方面出差错，或者把渐强、渐弱等音乐的特点弹错时，他便非常生气地教训我说，前者的错误是偶然性的，可是后者则表明你缺乏知识和感情，或者心不在焉。对于前者丢掉音的现象他也经常发火，甚至在他当众正式演奏时也是如此，但是他从来不允许自己犯后种错误。”在贝多芬失聪的日子里，别人对贝多芬敬而远之，而费迪南德·里斯却一直守在贝多芬身边。

◎多瑙河：欧洲第二长河，发源于德国西南部的黑林山的东坡，自西向东流经10个国家注入黑海。是世界上流经国家最多的河流。

此刻，贝多芬很满意这个住处，从房间一侧的窗子望去，越过五彩缤纷的田野，可以看到多瑙河和喀尔巴阡山的优美景色，这给他痛苦的心多少带来了一些慰藉。每天清晨，他们两个人都要去多瑙河边散步，新鲜的空气、灿烂的阳光和绿色的树林使得贝多芬的心情渐渐地好转起来。每天他们都会去看西方那沉沉的落日，看夕阳下的景色秀丽的田园。

贝多芬伫立在山冈上，脸上露出少有的笑容，好像从困惑中解脱出来一样，他情不自禁地自语道：“啊！大自然实在太迷人了！”

悠闲平静的生活，冲淡了贝多芬的一些痛苦，也使他对人和人生又有了进一步的理解和认识。但是，耳聋的痛苦仍然死死地缠住他不放，时常将他刚刚获得的愉快心情在转瞬间破坏得无影无踪。疾病的折磨和无法解脱的精神痛苦使贝多芬变得更加抑郁寡欢。渐渐地，就连海利根斯塔特的美丽景色也无法使他轻松起来了。

每当贝多芬从外面散步或游玩归来，站在种满葡萄的院子里，仰望苍天，却听不见那些可爱的小鸟们的鸣叫声，听不见附近磨坊里水车转动声的时候，那种反复出现的绝望便会再一次浮现，紧紧地纠缠着他，煎熬着他。

“怎么办，我的耳朵。我怎么能是一个丧失听力的作曲家呢？”贝多芬时常这样痛苦地问自己，“像我这样的废人，有没有资格再活在这个世界上呢？”

贝多芬还能够把握住自己的命运吗？

遗嘱背后的英雄

一天上午，贝多芬和里斯在乡间散步。忽然，贝多芬发现高耸在灌木后面的一棵枫树下躺着一只小山兔。它的颈部和后腿有很重的伤，紫黑色的血水染红了灰色的皮毛。里斯走过去，蹲下身摸了摸小东西，然后俯在贝多芬的耳边说：“老师，它已经死了！死在这美景之中。”

“是啊！一个生灵，活蹦乱跳的生灵，就这么死了，这件事看起来有多简单呀！是吧，里斯？”贝多芬茫然地回应着。

“是的，可是老师，这只死去的兔子，对于我们这个世界实在是太微不足道了。”里斯此刻摸不准老师心里在想什么，但是一种不祥的预感已经涌上了他的心头。

这只兔子中断了他们的散步计划，在回家的路上，贝多芬一直沉默不语，里斯也不敢多问，只是神色紧张地在一旁观察着老师。

海利根斯塔特的夜晚，宁静而又安详。月亮刚从田野后面升起来，又圆又亮。地面上，闪烁的河面上，有层银色的雾在那里浮动，青蛙们正在欢快地鸣唱，草地里的蝈蝈在低声吟咏。微风拂着树的枝条，从不远的地方，传来夜莺清脆的歌声。

大自然是这样的美妙，可是此刻坐在窗前的贝多芬，却感到痛苦和绝望。他沉思了很久很久，最后叹了一口气，终于下定了决心。他急速站起身，来到桌前，给他的弟弟卡尔和约翰写下了自己的遗嘱。遗嘱完成后，他读了一遍，又用笔将约翰的名字划去了。这份一气呵成、感人肺腑的信件，就是他曾受尽生活的折磨而又与之抗争的见证——著名的《海利根斯塔特遗嘱》。

当贝多芬疲惫地放下笔的时候，窗外的天色变了。一道道闪电，利剑似的划破漆黑的夜空。炸雷、狂风以后，暴雨开始哗哗地倾盆而下。贝多芬打开了窗户，让风声、雨声、雷声一齐冲进他的屋子里。他静静地躺在床上，闭上双眼，第三次等待着死神的来临……

“无须再犹豫了，我已经到了结束我的生命的

边缘。”贝多芬写好了遗嘱，在他下定决心离开这个世界之前，回顾了自己二十多年来的奋斗历程，禁不住热泪盈眶。在泪眼模糊中，他眼前突然浮现出了母亲的面容。他蓦（mò）然想到：“难道母亲希望看见我这样绝望地死去吗？不！这一定是她最不希望看见的结果。为了母亲多年殷切的期望，我必须活下去，更加努力地活下去。我要扼住命运的咽喉，它休想让我屈服！我是为音乐而生，我的生命已经奉献给了音乐。那么，我有什么权利跟我心爱的音乐告别呢？哦，在我尚未把我所感觉到的使命全部完成之前，我觉得我不能离开这个世界。是艺术啊，是艺术留住了我。”躺在床上的贝多芬发出这样的呼声。

贝多芬不甘心做丧失意志的弱者，他努力地从床上站了起来，坐在钢琴旁伏案疾书，用一天一夜时间，写就了《D小调钢琴奏鸣曲》和《C小调钢琴奏鸣曲》。这是两部令人惊叹的迷人作品。只要演奏家有一双纯熟巧妙的手，就能弹出激动人心、催人奋进的音乐。

贝多芬的创作意志又赢得了新的胜利。成稿后，他通读了一遍乐谱，坐在钢琴旁兴致勃勃地弹了起来。他虽然听不见琴音，但是他看着乐谱，感觉着琴键的跳动，他用钢铁一般的力量，使自己的听觉服从自己的意志，凭着想象力，终于隐隐地听见了乐曲的声音。它像咆哮的大海，与天上的五彩云霞互相辉映，发出最美丽、最壮观的乐音。

对这两部乐章反复弹奏以后，贝多芬感到十分满意，随即用笔在乐谱的下面写道：“我要扼住命运的咽喉。它绝不能使我完全屈服！”

是音乐拯救了贝多芬，是艺术为整个世界挽留了这位天才。贝多芬终于没有选择死亡，他把这封遗书封存在抽屉里，没有对任何人说起。“海利根斯塔特遗嘱”是在贝多芬去世后由他的秘书发现并发表在1827年10月17日的《大众音乐》杂志上。这可以说是贝多芬临终前的哀诉，但在这之后，贝多芬却顽强地活了25年。他在生与死的痛苦抉择之中重新发现了生命的价值、生活的召唤。他顽强地活了下来，骄傲地挺起他那狮子般的头颅，直面命运带给他的种种苦难，他用暴风雨般的激情，向不公正的命运发出了震撼人心的宣言。从此，贝多芬置一切加在他身上的不幸和不公于度外，踏上了新的旅程。这次试图自杀是贝多芬人生的转折点，他以高尚的道德情操和对艺术的热爱、追求，跨越了死亡的阴影。

在摆脱了死亡之后，音乐的思维比任何时候都更丰富地在贝多芬的脑海中涌动起来了。这种具有极大冲动的力量使他拥有了战胜命运的信心，他为自己所独有的这种力量而感到无比自豪。他在给朋友的信中宣称：“我是生活在乐曲之上的，当我作完一曲，另一支曲子便自然而然在脑海中出现了。我现在常同时在作三四首曲子。”人们通过这几句话可以看到的是一个高傲的音乐精灵在翱翔、在飞升……

重新出发

欧洲令人愉悦的夏季总是短暂的，秋天仿佛在一夜之间便悄悄降临了。秋风萧萧，贝多芬封紧了他写的那封遗嘱，像是要让它远离自己的智慧和思想。几天后，贝多芬毅然决然地返回了城里。他一面给出版商们写信，一面积极投入创作。回到维也纳，再次归来的贝多芬好像脱胎换骨一般，从他的灵魂中、躯体中释放出新鲜的生命力量。他以一种前所未有的姿态出现在公众场合中，周旋于朋友和音乐之间，讲授音乐课程，参加各种演奏会，接受邀请，一会儿在这里，一会儿在那里。一直挥之不去的黯淡好像突然地弃他而去，痛苦、忧伤已飘向了九霄云外。贝多芬终于度过了一生中最为艰难的精神危机。外来的灾难带给了他内在的力量，一种崭新的、坚定的信念出现在他的作品中。他把自己的全部精力和情感——爱情与失意、欢乐与痛苦、消沉与振奋、绝望与抗争，统统熔铸在他的音乐创作之中。因此，从某些方面讲，那份遗嘱最终转变成了支持贝多芬后半生生活下去的动力和为艺术而奋斗的力量的源泉。当贝多芬精神危机达到顶峰，而死亡成为唯一能够使他解脱的方法的时候，贝多芬产生了创作的冲动。

早在海利根斯塔特，贝多芬藏起了“遗书”以后，便在心中筹划了一部大乐曲。于是，一部强有力的、光明向上的作品在他回维也纳后开始起草了，这便是《英雄交响曲》。《英雄交响曲》的诞生标志着贝多芬精神上的转变，这种转变导致他在音乐创作上有了质的飞跃，从此，渡过难关的贝多芬进入了创作的成熟期和鼎盛时期。

1803年初，贝多芬从精神危机中彻底解脱出来，他宣布：“我已获得了一种无敌的力量，无论什么都不能击溃我！”这位多灾多难的音乐家，终于学会了“如何去征服命运”。

觉醒之后的贝多芬创作的第一部作品就是活泼、轻快的《第二交响曲》。他在用音乐向人们宣布：我绝不向命运低头，只要还活着，就对未来充满着美好的憧憬。整部作品洋溢着优美的旋律，显示出无与伦比的内心力量，同时还有着欢快的节奏。

从这以后他一发不可收，又连续创作了三首钢琴奏鸣曲和三首小提琴奏鸣曲。这些作品明显具有浪漫、活泼的色彩，显示出一种清新、独特、他人无法模仿的风格。

1802—1812年的10年，可以称为贝多芬的“英雄年代”，他在音乐上进入了黄金时代。如果我们留心一下贝多芬的伟大作品所产生的年代，就不难发现，除了极个别几部作品之外，其他大部分都是耳聋以后创作的。那么，贝多芬是如何克服耳聋的障碍进行音乐创作呢？

据记载，他作曲时使用一根小木杆，一端插在钢琴的共鸣箱里，另一端用牙齿紧紧咬住，通过木杆传导过来的震动来感知音乐的变化。后来，贝多芬还使用一种听音器来帮助作曲，那是机械专家曼扎尔1810年左右专门为他而制作的，至今依然保存在波恩的贝多芬纪念馆里。在如此艰难的条件下进行创作，可以看出贝多芬的意志是多么顽强！

第五章

英雄年代

- 英雄的力量
- 《英雄交响曲》问世
- “那正是命运在敲门”
- 《费德里奥》
- 窘迫的生活
- 贝多芬与歌德
- 大自然给他灵感

英雄的力量

沉重的命运对贝多芬步步紧逼，痛苦和失望笼罩着他。然而他对艺术的追求和对生活的热爱使他度过了精神危机，他不但没有被苦难打垮，苦难反而变成了他音乐创作的力量源泉。英雄，这样一个人类进步的先驱者的形象，出现在贝多芬的脑海中；或者，他战胜苦难的过程中产生的自信心使他自己也蜕变成为一位力量超凡的英雄。

1802年，贝多芬开始创作以英雄为主题的交响曲。在一定程度上，它宛如贝多芬一部自传，是一部以音乐为形式的个人奋斗史，而充斥其中的英雄主义则是贝多芬所特有的、万劫不变的坚毅精神的真实写照，此曲标志着贝多芬音乐创作中"英雄年代"的开始。从这部作品开始，贝多芬在音乐上洗尽铅华，彻底与前人中庸保守的作品决裂，走上了一条崭新而又充满激情的、彻底反叛的创作道路！

音乐评论家说，从这时起，贝多芬进入他创作的第二个时期——成熟期。

1803年4月5日，贝多芬要在维也纳剧院举办一场音乐会。这是他和该剧院合作的第一个成果。在这个音乐会上要演出贝多芬的清唱剧《基督在橄榄山上》、《第三钢琴协奏曲》，为了满足观众热情的要求，还准备了第一和第二交响曲及一些声乐作品。

这天从早晨8点开始排练，一直到下午两点，没有休息的时间。贝多芬的学生里斯说："这是一次令人生畏的排练。”大家都累得精疲力竭，拉提琴的手臂都酸胀疼痛，有许多人埋怨、叫苦。

“先生们，清唱剧是贝多芬先生在这一体裁中创作的第一个作品，我们从头到尾再排练一遍，今晚演出就会非常精彩。好不好?”大家七嘴八舌地说：“听您的!”“就这么办吧。”

音乐会于晚6点开始。贝多芬的钢琴演奏之精彩，我们就不提观众的反映了，只看当时为他翻曲谱的塞弗雷德是怎么说的吧：“上帝助我啊，真是说来容易做起来难。我只看见空白的曲谱纸，最多每页或隔一页有几个提示符号，像埃及的象形文字。这些潦草的笔迹，是他为自己提供思路而涂写的。我完全看不懂，事实上独奏部分，他全是靠记忆弹奏的。因为贝多芬没有时间把谱子都写出来，他每看完一个无形的段落，就偷偷向我丢个眼色，我也就不露声色地翻一页，生怕错过这个决定性的瞬间，这让他觉得非常有趣。在演出后，我们快乐地共进晚餐时，他为此笑得特别开心。”

事后，报刊对这场音乐会的评价并不热烈，《自由音乐报》这样说：“我们有才华的贝多芬并不总是走运的，他的清唱剧《基督在橄榄山上》首次在维也纳剧场演出，尽管他的许多崇拜者为他多方出力，但也未能使人们感到真正满意。”

一个多月后，在5月24日，贝多芬又和其他人合办了一场音乐会。尽管演出的作品非常优美动人，观众也给予了很高的评价，但贝多芬并不满意。他对小提琴演奏家克伦福尔兹说：“我至今不能满意于自己的作品，从今天起，我要开辟一条新的道路。”这新的道路究竟是什么?其实所谓“新的道路”，并不是继续走他那固有的光明灿烂的音乐道路，贝多芬所指的道路是指他所抓住的另一种新的力量，这种力量的存在就是要回答：一个人如何超越个人的不幸？怎样才能战胜命运？怎样才能成为生活的强者？在贝多芬的心目中，拿破仑就是这个问题的答案。

早在几年前，贝多芬听了拿破仑的事迹就很受鼓舞。1798年2月，法国向奥地利派遣了一名大使。这位大使名叫贝纳多泰，他举止文雅，态度谦逊，有着深厚的文化和音乐修养。在他的随从人员中，有法国的小提琴家鲁道尔夫。有一天，法国大使馆举办招待会，李希诺夫斯基公爵的弟弟，带贝多芬到大使馆做客，并把他介绍给大使贝纳多泰。他们二人在政治思想和音乐趣味上都很投合，所以很快就成了好朋友。贝多芬经常拜访法国使馆，通过交往，贝多芬对法兰西共和国有了更多的认识，了解了它的成就和计划，听了许多法军英勇作战的故事。这些都激发了贝多芬的创作灵感，为以后谱写《英雄交响曲》打下了基础。

拿破仑是个来自科西嘉岛的普通人，他家道贫寒，没有受过正规教育。拿破仑相信凡人战胜命运可以变得崇高，获得很高的地位。这些和贝多芬的经历与认识非常相似，所以他把拿破仑当做自己学习的榜样。拿破仑在意大利、埃及取得的军事胜利，使贝多芬受到很大鼓舞。他从此认识到力量的重要性。贝多芬在给朋友兹麦斯卡尔的信中说：“我对你的道德说教完全没有兴趣。对于那些杰出的人物来说，力量就是道德。”据贝多芬的学生里斯回忆：“1802年，贝多芬在海里根镇进行《第三交响曲》（现在叫《英雄交响曲》）的创作。”“在作曲的时候，贝多芬脑子里经常会想到一个确定的对象……在这首交响曲中，贝多芬所想到的是拿破仑。”所以罗曼·罗兰在《贝多芬传》中说：“里斯告诉我们，贝多芬在海里根写作了《英雄》——他真正的意思是指构思和着手创作。贝多芬是11月回到维也纳的。可见这巨著的最初构想，显然是在遗嘱做出后第二天便已形成。说不定这遗书最后一行——向幸福告别——的墨迹未干，生命的精神便已推倒墓碑，而刚刚击中他的雷电也反弹回去了。”其他专家也认为《英雄》草稿本的最初几页是在10月里写的。

《英雄交响曲》问世

1803年夏天，贝多芬在维也纳郊区避暑，他住所的周围全是葡萄园。在这宁静的环境里，他的心情却不平静。他又终日思考拿破仑的事迹，认为人世间力量是决定胜利的首要因素。对于贝多芬来说，他的战场就在他的内心世界里，他“扼住命运的咽喉”，他就是征服者。拿破仑激励着他，要走一条充满荆棘的道路。贝多芬就是基于这样的思想，利用整个夏天创作、修改并谱写成《英雄交响曲》。

1804年4月，贝多芬彻底完成《英雄交响曲》的总谱，整个《英雄交响曲》共分四个乐章。第一乐章刻画了英雄性格的各个侧面以及为了全人类的幸福而进行的艰苦卓绝的努力，表现了力量和对胜利的热切渴望。第二乐章则是悲壮的挽歌，人们往往称之为《葬礼进行曲》，表现了英雄不朽的精神，给英雄的死赋予崇高、敬畏的品质。罗曼·罗兰曾评论说：这一乐章所表现的是“全人类正抬着英雄的棺椁（guǒ）”。乐曲从小调性的旋律开始，缓慢的节拍是对送葬者沉痛步伐的描写，以附点音符节奏为特征的悲哀曲调，表现出民众对烈士的缅怀之意。第三乐章是与前两部分形成鲜明对比的一首喜剧性的乐曲。音乐充满了生命力和乐观的情绪，前后两部分是风驰电掣般急速迅猛的音调，中间部分则是象征着光明未来的号角声，它表现了民众在英雄赴难之后的前仆后继，表现英雄精神的自信向前。第四乐章表现了人民欢庆胜利的场面。若单以终曲的规模和戏剧性内容而论，只有在多年后贝多芬自己所创作的《第九交响曲》才能与之相提并论。《英雄交响曲》终曲的基本内容是整齐的民众方队在英雄纪念碑前献花致敬，并表现了庆祝胜利的狂欢场景，表现英雄精神的欢快，充满了生机勃勃的活力以及光明和爱。

当时他对拿破仑非常崇敬，认为他是法国第一执政官，对他评价很高。贝多芬在总谱扉页的上方题写了：波拿巴；下方写着：路德维希·凡·贝多芬。他让人抄了一个副本，准备通过法国大使馆送往巴黎，献给拿破仑。

但是，1804年5月，拿破仑在巴黎称帝，18日进行加冕，20日举行了典礼。几天后，消息传到维也纳，里斯把这个情况告诉了贝多芬。贝多芬怒不可遏，斥责拿破仑：“不过是一个凡夫俗子罢了！他放纵了自己的野心，践踏人权，把自己凌驾于所有人之上，最终会成为一个暴君！”然后贝多芬走到桌前，撕下总谱的扉页，一下扯成两半，扔在地上，贝多芬在第一页上，题了一个含有报复意味而又非常动人的题目：“《英雄交响曲》……纪念一个伟大的遗迹”。

后来定稿时，又在封面上题了“有感于波拿巴而作”的字样。第一次正式出版时，封面印上了《怀念一个伟人》的标题。这意味着贝多芬对拿破仑由崇敬到厌恶。法军入侵德国后，自然引起贝多芬的仇恨情绪。

1806年10月，德法军队正在耶拿激战。贝多芬时时注视着形势的变化。有一天，一位朋友告诉贝多芬说：“最近，伟大的英雄拿破仑又在普鲁士，取得了一次决定性的胜利。”

贝多芬被朋友的话激怒了，他怒睁圆眼，气冲冲地说：“真可惜，我对战争艺术的了解不及对音乐艺术的了解，否则我会征服他！”

贝多芬由厌恶拿破仑进而厌恶法国人。因为他们在拿破仑的奴役下，驯服地东征西战，侵略别的国家。这对贝多芬来说是不能容忍的。所以，有一次贝多芬给在巴黎的朋友卡米利写信说：“亲爱的卡米利——这是把邪恶的高卢人赶出罗马的罗马人的名字，假如我能把他们从所有不属于他们的地方赶出去，我也愿意取这个名字！”

◎高卢人：高卢人，贝多芬在这里泛指法国人。

1805年4月，在维也纳皇家剧场举行了《英雄交响曲》的第一次正式公演，这场盛大的演出由贝多芬本人亲自指挥。

这样豪华而隆重的演奏会，即便是对于早已功成名就的贝多芬，也是第一次吧！

《英雄交响曲》也就是《第三交响曲》，比起贝多芬之前的两部交响乐作品来，大大跨进了一步。在前两部交响曲中，贝多芬还只是继承了前辈海顿、莫扎特的传统创作形式和思想，并没有在作品中注入太多的个人风格。而在这首交响曲中，他则是大胆地采用了新的形式和音乐思想，着重表现了英雄与上天和命运的搏击，以及为争取人类的未来幸福而献出生命的悲剧精神。这是一部具有划时代意义的作品，也是贝多芬的代表性作品。

贝多芬把《英雄交响曲》称为他最心爱也是最满意的作品。当他已经写出8部交响曲之后，他仍然认为自己最喜爱的是这部宏伟的《英雄交响曲》。

演奏正式开始了，人们很快就被这部与其他作品风格迥异的交响曲深深地吸引住了。但是，当听罢全曲之后，许多人不太理解。有人认为它不可思议，充满大胆而狂妄的幻想，可是并没有给人带来多少愉快。

《英雄交响曲》的出现引起了轩然大波，在维也纳，甚至在整个欧洲乐坛上都产生了强烈的震动。有人兴奋地称道“《英雄交响曲》崇高、伟大”，也有人称“贝多芬是伟大的天才”，有人则不以为然地说：“不，音乐只限于莫扎特。”有人略显失望地说：“音乐，一定要使我们得到快乐。”而另外一些守旧派则用“古怪”、“费解”、“愚蠢”来形容《英雄交响曲》。有的庸俗浅薄的皇室贵族甚至说：“只要以后别再演奏这首曲子，我可以再多给剧院一个铜板！”

第一次公开演出后的效果并不理想，各方听众的意见约可分成三种。有的人以为它没有多少“艺术上的价值”，他们认为贝多芬只不过是故弄玄虚，而《英雄交响曲》是“未成熟和不成功的奇异作品”，用一种“奇怪的音调和剧烈的转变”，得到了“超常而富有想象性的结果”；另一种意见虽认为此交响曲很是奇异，也非常吸引人，但不可能长久，并为作曲家离开了往常C大调、D大调交响曲和降E大调七重奏所走的路而扼腕叹息；最后一种人（包括了贝多芬的知心朋友和一些眼光独到的评论家），却毫不动摇地说：“这首交响曲是真正的上乘之作，也是最地道的交响乐，现在不受大众欢迎的缘故，是因为他们都没有受到足够的艺术教育，以致未能参透其中的精华所在，许多年之后，它的价值会被人们认可的。”

此曲经过了数年演出，但由于其主旨深奥，技巧性极高，乐师始终摸不清其真正的意图，所以总没有很好的演出成绩，甚至连贝多芬的一些朋友也不能理解。这也难怪，由于这部作品风格太过奇异，因此很少有人在第一次听到《英雄交响曲》的时候，会静心屏息地欣赏它，更不要说去真正地理解它了。

不过，随着时间的推移，它的价值逐渐被人们所接受。现在的音乐界一致认为这是贝多芬创作的第一部真正具有深刻精神内涵的作品，在贝多芬的音乐里程上是一部开天辟地的作品。这支交响乐是贝多芬对自我的一次重大突破，作品形式大胆新颖，规模宏大，显示出一种古曲雕刻艺术的和谐之美，无论是音乐还是思想都极其丰富深刻。它充满了令人难以忘怀的巨大热情，从这种热情里，人们仿佛看到一个被束缚的英雄无所畏惧地与长着翅膀的巨人搏斗，并最终战胜了巨人。这个英雄实际上象征着贝多芬本人。他在这部作品里展现了他与生俱来的英雄气质，那是一种面对苦难绝不畏惧退缩的坚强意志。正因为如此，《英雄交响曲》开创了一个新的音乐时代，并成为人类世世代代传颂的经典之作。

但丁说："人生就像一支箭，不能回头，回头就意味着坠落。"贝多芬自从经过海里根的危机之后，就像一支飞向目标的响箭那样，再也没有回过头。

"那正是命运在敲门"

创作自己心爱的《英雄交响曲》，用去了贝多芬的主要精力，在《英雄交响曲》演出之后，他考虑了外界的批评而对自己做了一番调整。并且由于自己失聪的缘故，他一刻也不愿意休息，为了生计马不停蹄地写了许多奏鸣曲和一些小作品。与此同时，他又开始创作《命运交响曲》。实际上，早在1800年时，他就开始构思《命运交响曲》了。那时，他正面临着耳聋的威胁和生与死的考验。

从海里根归来之后，贝多芬为奥地利从前线归来的伤兵举行了一次义演，这次义演取得了巨大的成功。贝多芬的朋友和学生们都纷纷向他祝贺："今天非常成功，恭喜！恭喜！"贝多芬却谦虚地回答道："对于这种颂扬战争、赞美英雄的曲子，我其实并不喜欢。这只是一首肤浅空虚的应时之作。"

因为演奏会博得了大家一致的好评，所以4天以后又继续举行。

这两次演出很成功，一共收入400英镑。这笔收入，贝多芬毫无保留地捐献给了伤病官兵。演奏结束后，参加演奏的音乐家都隐隐约约觉察到贝多芬的指挥有好些地方不大对劲。可是，大体说来演奏会是很成功的。所以大家并没有过多地追究贝多芬指挥上有哪些地方不对劲。

演出之后贝多芬继续勤奋地创作着，虽然耳聋的缺陷严重影响到了他正常的音乐创作，但是依靠前面我们提到的曼扎尔为贝多芬特制的助听器,贝多芬再一次开启了听觉的大门。

这天，曼扎尔一大早就抬着一台庞大的机器来到贝多芬家中。“亲爱的贝多芬，瞧瞧我的新发明，你肯定会喜欢的。”曼扎尔一进门就喊。

“这是什么，发明家先生？”贝多芬很是好奇。

“这是我最近发明的杰作——自动风琴。”

“是一种乐器?”贝多芬问。

“也可以说是吧。它不仅是一种乐器，它比乐器复杂多了，简直就是一个乐队，它可以模仿许多乐器的声音。”说着曼扎尔就让仆人把那台机器拿出来，安装好了，为贝多芬示范了一遍机器的用法。这种乐器的声音出奇的高，以至于连耳聋的贝多芬也能听到它的声音。

“这里面还有设计好的音乐，它可以自动

演奏，你瞧！”说着曼扎尔又让他那引以为傲的乐器自动演奏起来。

“真是太有趣了！”贝多芬说，“虽然它看上去有点简陋，但还是使人感到很新鲜。我想它对我一定会有用的。谢谢你，曼扎尔先生。”

贝多芬就是用这种让人匪夷所思的方法，借助这部助听器来“听”音乐作品，成功地创作出了著名的《命运交响曲》。当时，由于耳聋，他的健康和经济状况很糟，迫不得已，他甚至向朋友们借钱过日子。因为贝多芬中途曾经由于经济上的窘迫而被迫中断过创作，所以这部交响曲从开始到完成耗时比较长。直到1808年，贝多芬才忍着身体与精神上的双重痛苦完成了《命运交响曲》。

这部交响曲再一次体现出贝多芬的创作才华和令人惊叹的力量，他为了完成这部作品花费了大量的心血，所以《命运交响曲》也堪称是贝多芬的得意之作。罗曼·罗兰在听到《命运交响曲》之后激动地评价说：“这是一首光荣的叙事诗，是一曲真正的充满革命性的交响乐，时代之魂在其中复活了，那么热烈奔放，那么纯净无暇……”

◎罗曼·罗兰：法国思想家，文学家，法国批判现实主义作家、音乐评论家和社会活动家。

交响曲一开场的四个音有极强的表现力和震撼效果。贝多芬的一个学生，同时也是他最密切的朋友安东·辛德莱第一次听到它，便不解地问老师这四个音有什么不同一般的意义，贝多芬用神秘的目光看了他一眼，然后把目光转向窗

外，缓缓而低沉地说道："那正是命运在敲门。"

确如贝多芬所说，这句话恰好暗示了整个作品那阴暗而悲壮的情绪。《命运交响曲》自始至终都是贝多芬对命运之神的坚定回答和无所畏惧的挑战，它使人禁不住要想到这样的问题：到底什么才是命运？宇宙中究竟有怎样强大而残酷的力量能够摧毁真、善、美？谁是万物冥冥中的主宰？谁能敢于和命运作殊死的搏斗，直到生命结束？显然，贝多芬就是这样敢于和命运相抗争的人，他把命运看成是一个敌人，终生都在与它进行搏斗。

通过《命运交响曲》，贝多芬又一次展现了他那崇高的英雄主义，也充分展现了他在音乐上过人的天赋，以及他的隐秘的痛苦和浓烈的感情。这是他继《英雄交响曲》之后第二次与命运的搏击。这时，他的音乐表达能力已经达到了炉火纯青的地步。

如果说《英雄交响曲》是贝多芬交响乐中里程碑式的作品，那么《命运交响曲》则是贝多芬交响乐中的又一座后人难以逾越的高峰。从《命运交响曲》的正式发表开始，评论界开始将贝多芬与海顿、莫扎特相提并论，认为他是继海顿和莫扎特之后最伟大的音乐巨匠。

在音乐上一帆风顺的贝多芬曾在写给柴姆斯加尔的信中十分得意地宣称："如果我身在迷宫中，发明了翅膀进而飞到天空中去，那么，我也将找到这样一对翅膀去无垠的天空中自由翱翔。"两首交响曲的加速完成就充分地展示了他引以为傲的翅膀。

让贝多芬十分气恼的是，当他在音乐领域取得了节节胜利时，出版商印刷的乐谱中却出现了许多不应有的错误，贝多芬检查过自己的手书乐谱是准确无误的，因此几次三番地向他们提出抗议，并索要自己的乐谱以作修改，出版商无动于衷。从这一事实不难看出，出版商对贝多芬漠不关心，不像他耳聋之前那样毕恭毕敬了。于是，他写下了严厉批评这些不负责的出版商的话："错误之多，宛如海洋之鱼。"后来，倔强的贝多芬干脆称这些唯利是图的商人为"狡猾的骗子"。

这种近乎掠夺式的交易，在当时是极为普遍的。贝多芬为了表示自己的不满，就跟他们开展了一场无休止的辩论。他的呕心之作《C大调弦乐五重奏》因此而拖了两年之久没有发行。这些事使贝多芬陷入了极为困难的境地。

当时所有遇到贝多芬的人都会觉得他非常奇怪，他早已是家喻户晓的音乐大师，但人们看到的贝多芬却是不修边幅、疯疯癫癫。由于无法与人交谈，他时常一个人在街上和田野里走一走。他的面部表情看起来有些僵硬，宛如带了一个面罩，只有双眼炯炯有神，一股生命之火仿佛要从这里喷射出来。

从海里根回来的一段时间，他的日常生活显得无规律起来，他常搬家，不论是换到什么地方，屋内总是显得乱七八糟。他的朋友曾回忆说："书本和乐谱撒满了房间的每一个角落，这边有残杯冷炙和空酒瓶放着，那边还有一首四重奏的草稿，钢琴上胡乱摆着纸张和碎屑……而这些看似废品的东西都是一些光辉的交响曲的胚胎，朋友和生意上的信件撒满一地……"

可惜的是贝多芬的身体在这年的夏季变得更加糟糕了，

但更使他担心的依然是他的收入问题，有一个固定而可靠的工作一直是他梦寐以求的事情。在成名的一段时期里贝多芬的确衣食无忧，但在他失聪之后，奥地利的那些慷慨之人已将他每年的供给减少到了原来的一半。他曾愤愤不平地说："我的国家，是建筑在纸张上的。"虽然如此，坚强的贝多芬并不以为然，他坚定地说，这一切都"不能阻挡一匹勇敢的马继续奔驰"！

《费德里奥》

就在这个多事之秋，贝多芬创作出了一部举世闻名的歌剧《费德里奥》。《费德里奥》是贝多芬一生中仅有的一部大型歌剧。虽然他后来多次打算再写一部歌剧，可惜都没有如愿。贝多芬本人对自己唯一的这部歌剧非常满意，他视这部作品为掌上明珠，因为剧中的女主人公的思想与形象很符合贝多芬想象中的爱人。

创作《费德里奥》的时候贝多芬正迷恋着少女约瑟芬，当然，前面我们也已经讲过了，幸运女神与贝多芬擦肩而过，他最终与约瑟芬有缘无分，两人的爱情不了了之。失恋后，痛苦的贝多芬曾对好友说："我又从幸福的山顶跌进了无底的深渊里。"一时间他心灰意冷，抱定了单身一辈子的打算。这时，一向崇拜贝多芬的约瑟芬的姐姐特蕾莎走进了贝多芬的生活。特蕾莎比贝多芬小5岁，天生聪颖、多才多艺。在贝多芬百无聊赖之时，他们俩经常在一起畅谈艺术，相处得十分愉快。

特蕾莎擅长绘画，她特地给自己画了一幅肖像并赠给了贝多芬，还在上面题了词："致罕见的天才，伟大的艺术家，上帝的宠儿，特蕾莎赠。"贝多芬非常珍惜这幅画，把它放在写字台里面一个秘密的抽屉内，一有时间便拿出来端详。1809年，多情的贝多芬写了一首《特蕾莎奏鸣曲》献给特蕾莎。贝多芬同特蕾莎的这段感情前后长达14年，但是两人最终也没有走到一起。特蕾莎一直没有嫁人，一个人过着平淡的生活。贝多芬也形影相吊，度过了孤独的后半生。

贝多芬并没有奢望再同特蕾莎见面。他只是时常拿出特蕾莎的画像来，面对画中的佳人喃喃自语："你长得真美，简直像个天使！"一面说着，一面潸然泪下，而且经常如此。

有一天，刚巧他在看照片流泪的时候，让一位朋友撞见了。那朋友很知趣，见贝多芬如此悲伤就不声不响地退了出去。过了一阵子，那朋友又回来时，发现贝多芬已经端坐在钢琴的前面了。

"嗨，看你今天的脸色很不错，你脸上的阴霾被赶走了！"朋友惊讶地说。

贝多芬听后凄然笑道："是的，因为我的天使，抽空来看了我一次。"

事后，他的朋友感叹道："可怜的贝多芬呀！在这个世上，幸福与你无缘；你只能在音乐中，看到你所爱的人！"

就这样，特蕾莎，这位美丽贤淑的女性，贝多芬忠实的朋友和恋人，与贝多芬保持长年的友谊，给予贝多芬无尽的温暖和关怀。贝多芬从她身上看到了"理想女性"的影子，创作了他的大手笔——歌剧《费德里奥》。

这部歌剧取材于一位法国剧作家的剧本《伉俪情深》。整个剧本描写了一个聪明漂亮又忠贞勇敢的妻子帮助无辜入狱的丈夫重获自由的故事。这部作品倾注了贝多芬大量的心血，歌剧进行排练的时候，贝多芬对演员要求极为严格。尽管演员的表演已经接近完美，但是挑剔的贝多芬始终不能满意。

在这部歌剧中贝多芬描绘了自己心目中的理想爱人，表达了自己对爱情的信仰和渴望。我们知道，经历了多次爱情失利的贝多芬终身未娶，他自始至终都在幻想和追求一种理想的爱，然而现实中他却并不擅长与人交往，同时他所追求的女性都或多或少地与他理想的标准有差距，因而他宁可生活在他那理想的爱情梦境中，也不愿向世俗低头。

终于；大功告成，歌剧即将上演。

可是，随后却出现了更为严重的问题。这时，正是拿破仑的军队攻下维也纳的时候，维也纳城里一片慌乱，公演时来的观众本来就已经寥寥无几了，再加上大多不懂德语，根本体会不到歌剧所蕴涵的深层意义。于是，这次演出彻底失败了！观众对于这个歌剧不能理解，贝多芬心里感到无比烦闷，精神上极度空虚。

后来他的学生里斯曾经问他："老师，您为什么不找一个女孩子厮守一生呢？难道您身边的这些女孩子都不可爱吗？"

贝多芬笑着对里斯说："不，不是这样，她们都非常可爱，但我习惯了独身生活，有时候更乐意追求一种精神上能使我满足的美！"

善解人意的里斯说："就像您在《费德里奥》中所描写

的那样吗?”

“是的，”贝多芬点点头说，“那是我唯一一部刻画我理想爱人的作品，只可惜这部作品很多人并不接受，但是我相信时间会做出公正的评价的。”

而这时理解他、关心他的人，还有里赫诺夫斯基公爵夫妇。虽然演出并不成功，但大家还是以公爵夫人为中心，一起和贝多芬商量，要他把这个歌剧再重新改写一下，使大家易于理解和接受。

然而，自信又高傲的贝多芬却说：“我的这部作品千金不易，一个音符都不能改。”

这时，公爵夫人走到贝多芬面前，目不转睛地望着他。公爵夫人脸上的神情，悲切而又慈祥，让贝多芬觉得好似自己的母亲一般。贝多芬惊呆了，马上非常认真地站了起来。

“贝多芬先生，请你再认真考虑考虑，因为大家都是在替你和你的剧本着想。”公爵夫人恳切地说。

“这一点，请您不要再提了。大家的好意我能理解，但我是一个音符也不会改的。”贝多芬满面愁容，站在夫人面前手足无措。

公爵夫人深深地叹了一口气，继续说：“你伟大的作品受到大家这样的误解，遭遇到不好的评价，难道你甘心这样吗?”

“公爵夫人，只要您能欣赏它，我就心满意足了。”贝多芬感动地说。

眼见固执的贝多芬不听劝告，一向沉稳的公爵夫人忽然间激动起来，她半跪着抱着贝多芬，喊着：“贝多芬，您是个天才，您的作品是难得的佳作，不能就这样毁了。您不能拿自己开玩笑。贝多芬，您无论如何也要改，为了我，为了你的朋友和家人，一定要改!”

面对这位对待自己如同亲生儿子一样的夫人，贝多芬抬起头，感动得热泪盈眶，他哭着说：“您放心吧!我同意，我一定改，为了您，也为了大家!”说完，他恭恭敬敬地把公爵夫人扶了起来，大家见状都感动得欢呼起来。

歌剧修改后，本打算在维也纳皇家剧院上演，但此时贝多芬又和剧院的经理发生了纠纷，原因是双方在报酬问题上争执不下。一向精打细算的剧院经理说：“给您的报酬已经不少了，因为票房的收入不多。”

贝多芬觉得自己的得意之作只换来这一点儿报酬简直是一种侮辱。忍无可忍之下，他像受了很大的刺激似的，跳着

说："把我的乐谱拿来！"

那位势利的经理让侍从把乐谱交还给贝多芬，然后以傲慢的口吻说："我相信，您镇定下来之后会认真考虑的。"

贝多芬满怀愤怒地瞪着他，一把夺过乐谱撕得粉碎，然后扬长而去。窘迫的日子让他饱受这些罪恶嘴脸的蔑视，这种失去尊严的日子他再也不愿意过了。与其把自己的心血交给这些唯利是图、不懂得欣赏艺术的人，他宁可选择让所有的一切化为乌有。这就是我们倔强的大师！

从这以后，这部歌剧流失10年。这期间几经周折，直到1814年，这个原本三幕的作品，被缩成了两幕，另外加上一个序曲之后再次上演了，演出获得了巨大的成功。

窘迫的生活

创作《费德里奥》，使贝多芬原本贫困的生活变得更加困难起来，不仅耳朵几乎听不到任何声音，而且各种疾病也向他袭来。这样一来，贝多芬出于对自己身体的考虑，不得不减少演奏的次数，并且还要经常去洗温泉浴来治疗耳疾。为了缓解压力、摆脱烦恼，他还常常到乡间休养，从大自然中获得继续活下去的勇气和力量。因此，贝多芬的收入越来越少，渐渐地，他连支付生活费都成了问题，就更别提安心搞音乐创作了。

由于他的作品艰深晦涩，对于一般听众来说太难懂，只有一小群音乐家能够欣赏，所以贝多芬仅靠作品是赚不了多少钱的。再加上他又失去了演出收入，他的收入就只剩下出版作品的版税了。

“该怎么挣钱呢？”这个问题让贝多芬绞尽了脑汁。1807年底，贝多芬想找一个固定的工作，好让自己能安稳下来潜心搞创作。于是他找到管理维也纳皇家剧院的一位公爵。贝多芬恳求公爵说：“我想为剧院筹划一部大型歌剧，几十首合唱或一些应景的小曲子。”那位公爵说：“那么你想要什么样的价钱呢？”

贝多芬说：“我想要固定的薪金，每年为24个金币。至于歌剧最好每三场结账一次。啊！对了，每年还必须在剧院内举行一次慈善性质的义演音乐会。”

公爵没想到贝多芬会提出这样的要求，显得有些吃惊，他委婉地对贝多芬说：“可是先生，您是一位音乐家，而不是一个专门的歌剧作曲家，您只写过一部歌剧，这估计行不通吧？”

公爵话中的意思是既然这个既聋又高傲的音乐家有求于剧院，那么贝多芬就应当尽量讨好他们，显然以贝多芬的倔强是不能成为剧院的专职作曲家的。于是贝多芬无奈之下只好愤愤而去。

贝多芬绝对不是一个为了钱肯出卖自己的人。因此，他从来没有真正的富有过，现实的经济问题把他的一生折磨得够呛。

“要是有一笔固定收入的话，就不必去敷衍那些俗不可耐的贵族，也不必跟唯利是图的出版商谈生意了，那该有多好呀！”这是贝多芬内心的愿望，但他的愿望几乎从来没有实现过。

正在贝多芬为生活问题烦恼的时候，一个机会来到他的面前——拿破仑的弟弟邀请贝多芬去法国担任宫廷乐长，年薪为300英镑。而且他只需偶尔在国王面前指挥几次乐团就够了，其他时间完全自由。

“啊！如果我接受了这份工作，我就可以有充足的时间来作曲了！”贝多芬禁不住心动了。

尽管贝多芬对维也纳有很深的感情，同时由于拿破仑的缘故使他对法国的生活没有多少好感。但是为了生活，为了音乐，贝多芬决定接受邀请去法国。他梦想着在远走他乡之后，可以完成自己的音乐理想。

贝多芬要去法国的消息让维也纳的权贵们大为震惊。一位亲王说：“贝多芬是维也纳的骄傲，是海顿和莫扎特当之无愧的继承人。维也纳没有谁都可以，但是必须要有贝多芬，因此我们要尽力留住这位大师。”

在一番商量之后，权贵们决定对贝多芬软硬兼施，设法阻拦贝多芬。他们有的威胁贝多芬说：“啊，贝多芬呀，如果你去了法国，那么你将来在维也纳就无法立足了。”有的则动之以情：“亲爱的贝多芬，维也纳多么热爱你呀，谁愿意看见你离开呢？”也有的人开出了空头支票：“只要你能留下来，法国人给你多少我也给你多少，你根本不必因为金钱问题做出这种选择。”

在这些人几次三番的阻挠之后，贝多芬去法国的愿望终成泡影，而别人在金钱方面的许诺最终也没有兑现。所以，他仍然得像以前那样，一边挣钱，一边拼命作曲。为了心中至高无上的音乐目标，贝多芬把一切难题都抛在了脑后。生活的苦难激发了他的灵感，在这段困苦时期，他写成了不少脍炙人口的作品，给人类的音乐艺术留下了不少宝贵的财富。

贝多芬与歌德

贝多芬对歌德十分崇敬，他从小就喜欢看歌德的作品。当初经历了失恋的折磨，正是歌德的一本《少年维特之烦恼》引起了他强烈的共鸣，使他感同身受。1809年，贝多芬受皇家剧院的委托，有幸为歌德的剧本《哀格蒙特》配乐，他还想为《浮士德》谱曲。在这之后，贝多芬意外地见到了心目中的大师歌德。

◎《浮士德》：一部长达一万二千一百一十一行的诗剧。

事情要从一个善良的女孩说起。

贝多芬的朋友法兰茨，有个妹妹叫贝蒂娜。1810年，贝蒂娜来到维也纳，住在哥哥家，她听了贝多芬的音乐后，完全陶醉了。她竟然一个人找到了贝多芬的住所，敲开了他的家门。

随着贝多芬的一声“请进”，贝蒂娜坦然地走进房间。贝多芬为这位忽闪着大眼睛的女孩的突然光临感到吃惊。

贝蒂娜看到心仪已久的音乐家，整个世界都消失了，眼里就只有贝多芬。两个人一见如故，贝蒂娜谈吐非常潇洒，举止大方。贝多芬问：“你是否愿意听我刚刚写成的歌？”

没等贝蒂娜回答，他就边弹琴边唱起来。歌曲的悲哀情绪感染了贝蒂娜。

贝多芬唱完刚写成的歌，又唱了一首用歌德的诗谱成的歌。贝蒂娜专心地听着贝多芬谈话，她嫌坐在椅子上不舒服，就随便扯过那张矮凳子盘腿而坐，一会儿又嫌凳子太矮，就一歪身子坐在窗台上。她时而仰脸咯咯大笑，时而低头沉思不语。贝蒂娜的到来，给刚刚因失恋而苦恼的贝多芬以意外的惊喜和安慰。

当贝蒂娜向贝多芬告别时，他已深深地迷上了这位有灵性的姑娘。

第二天，两个人又见面了。他们来到一个公园里。开满鲜花的温室全敞开了，香气醉人。贝多芬一动不动地站在让人汗流浃背的阳光下说："歌德的诗歌对我有巨大的魅力，不仅在于它的内容，而且在于它的节奏。他的语言能刺激我，使我产生创作冲动。我受着热情的驱使，从各方面考虑旋律。我追逐着它，激动地把它捉住，有时它又离我而去，我又以新的激情抓住它，不能容忍它再离去。我凭着瞬间的狂喜，以各种形式将它扩展，这样在最后时刻我胜利地完成了第一个音乐构思。音乐是联系精神和感觉的媒体。我愿意与歌德谈谈这个问题。”过了一会儿，贝多芬又说：“请歌德听听我的交响曲，他就会同意我的观点。音乐是唯一通向包容人类却不为人类所理解的更高感知境界的大门。为了掌握音乐的本质，需要一种精神的节奏。精神从音乐中获得的养分越多，心智就会得到越大的发展，也就会越深地理解音乐的含义。然而很少有人达到这个境界，就像成千上万的人为了爱情而结婚，尽管他们都使用了爱的技巧，却没有感受到爱情一样，成千上万的人与音乐相遇，却没有感受到它。音乐是精神赖以生存、思考和创造的土壤。”

贝多芬谈到这里，握住贝蒂娜的手说：“如果你理解我的话，请你给歌德写信谈谈我。”

贝蒂娜回到哥哥家，当天晚上便给歌德写了一封长信：“……我现在想和你谈谈贝多芬……如果他能达到他至高的顶点，无疑他就能留给我们打开天堂的钥匙，这会使我们离真正的幸福更近一步。……所有人类活动都有规律地在他内心进行着，……”

第二天贝蒂娜一见到贝多芬，就把头天晚上写的信读给他听。贝多芬听完后惊讶地说：“这些都是我说的吗?那样的话，我一定是在发狂。”他接过贝蒂娜的信，谨慎地划掉了几行，又添了一些别的内容。

歌德给贝蒂娜回了信，但语气并不像贝蒂娜那样热烈。他礼貌性地肯定了贝蒂娜对贝多芬的评价，但又认为贝多芬的言论中有自相矛盾之处。不过最后还是答应她与贝多芬见面，并希望贝多芬把用他的诗谱成的歌寄给他。歌德说：“我急切地想听到它们，这是我最大的快乐之一。”歌德比贝多芬大21岁，贝多芬比贝蒂娜大15岁。在1810年前后，贝蒂娜跨越了年龄的界线，为人类史上的两位巨人的友谊搭上了桥梁。

因为之前贝多芬为歌德的剧本《哀格蒙特》配乐，1811年3月，歌德表示给贝多芬报酬。1811年4月间，贝多芬给歌德写了一封信，信中说："我对您充满了无上的敬仰，对您的作品有一种说不出的深厚感情，怎敢企望如此的待遇。……这壮丽庄严的《哀格蒙特》，我怀着激情将它读完，又重新考虑了一遍，怀着对您的理解为它谱写了音乐。我很希望听到您的评价，即使您的批评，对我和我的艺术也是有利的。"

6月间，歌德彬彬有礼地回信说："我真诚地感谢您信中的感情。……我从来没有听过您的作品，但希望有一天有机会亲耳聆听您在钢琴上的演奏，感受您的天才。"信中还盼望："您会在一次预定的旅行中访问魏玛。但愿您到来时，皇族和本地音乐爱好者可以聚在一起。您当然会受到与您的成就和情志相投的接待。"

1812年7月，歌德受到奥地利皇室的邀请，来到泰布利茨与皇后见面。此时，贝多芬也为了医治耳聋在此疗养。歌德知道后，主动到贝多芬的住所探访。贝多芬给歌德留下了深刻的印象，他当晚给妻子写信说："我还不曾见过一位更有力、更强劲、更内在的艺术家。"这对自视极高的歌德来说，已是很少见的评价。

第二天，贝多芬为歌德做了精彩的即兴演奏，歌德听后只是礼貌地称赞道："弹得很好。"显出很受感动的样子，眼里含着泪花。贝多芬听了感到非常失望，他想从歌德那里听到理性和美学的批评或者赞扬。贝多芬沉默了一下说："我在柏林演奏，用了最大的力气，期待着喝彩，但没有任何赞扬的表示。后来我发现这些观众太高雅了，他们的眼泪把手绢都湿透了。这是浪漫的观众而非艺术的观众。但是您这位诗人，我就不满意了。当您的诗打动我时，我想和您一起飞到高空。大概我不能真正打动您，否则您感到的兴奋就会用别的方式表达出来。您自己总该知道受到知音喝彩的愉快吧！"歌德不得不承认贝多芬的话有道理。

有一天，贝多芬与歌德在泰布利茨郊外散步，迎面走来奥地利皇后和皇族的贵族们。贝多芬对歌德说："挽着我的手，他们该给我们让路。我们没有必要给他们让路。"但歌德不听他的，挣脱贝多芬的手臂，摘下帽子，站在大路边上恭候这些皇族。贝多芬怎么劝都不成，最后他只好扶正了帽子，扣上外衣的扣子，背着双手，大摇大摆地穿过那群大腹便便的皇族。这群皇族贵族都认识贝多芬。王后首先向贝多芬致意，鲁道夫太子脱下帽子敬礼，其他爵爷和侍从肃立在路旁。当这群贵族走到歌德身旁时，只见歌德手拿帽子，站在路旁，弯着腰向他们鞠躬。贝多芬站在远处看着歌德，觉得非常好笑。待歌德走过来，贝多芬说："我在这里等您，是由于我尊重您。您完全没有必要这样。君主和爵爷可以制造许多朝臣和枢密参赞，但他们不能制造伟大的人物，不能制造超越庸俗社会的心灵。换句话说，他们不能制造歌德、不能制造贝多芬！"

此后两位大师再没见过面。之前的几次碰面，让他们意识到了双方在观念、性格上的差异，所谓话不投机半句多，两人的友谊再没有发展下去。

大自然给他灵感

贝多芬每年夏天都要到乡下住好长时间，一是疗养，二是进行创作。贝多芬在黑尔达的诗集《歌之力量》一诗下面写了这样几句话："我的命运要我在乡间消磨时光；无论在什么角落里都是那么轻松自如。不幸的听觉在那里并未使我感到苦恼。乡村的每棵树木似乎都在和我对话，圣哉！圣哉！森林里是多么迷人！谁能把它作一番描绘呢？一切事物假如毁于一旦，乡村会依然如故，……静寂的森林是多么甜美！风儿就要吹来第二个宜人的季节，我不能困留在维也纳，因为它是我的仇敌。"

贝多芬一生热爱大自然，热爱乡村的旖旎风光。贝多芬的许多作品，都是从大自然中获得灵感后创作出来的。

记得1817年，贝多芬在给玛尔法蒂夫人的信中说："我得知你将提早来乡下，是多么令人兴奋啊！我到8日那天也要体会那种快乐，所以从现在起就像个孩子一样兴高采烈，因为又可以在森林或茂密的林园和山峦之间散步了。"

贝多芬虽住在乡间，仍然有许多朋友来访，不少学生请他上课。贝多芬在乡间的生活习惯大致是这样的：每天清晨，东方刚泛白，贝多芬就起床了。他简单地洗漱一下，就坐在桌前，手脚打着拍子，一边哼唱一边写。7点30分他准时吃早餐，吃完早餐他就匆匆忙忙地出门散步。他一个人在田间小路上走来走去。挥着手高声喊叫，时而走得快，时而走得慢。有时还站下来掏出笔记本写点什么。12点30分，他回到住所吃午饭。然后在他自己的卧室里休息到3点左右，又去田野里散步，直到太阳落山才回来。晚上7点30分他吃晚饭，而后回到自己的房间，写到晚上10点钟就寝。贝多芬在乡间的生活还是十分有规律的。

当朋友来拜访时，贝多芬常常邀请他们一起到野外散步。有一天，有名的竖琴制造家史冬夫来探视贝多芬，他对客人说："今天天气真好啊，万里无云。请您和我一起去田间散步好吗?"当客人陪他走出屋舍，一到树林里，贝多芬立即高兴得像个孩子，他说："你看天是多么蓝，空气是多么清新，水是多么干净！我们在这样的环境中散步，我们的灵魂也会被净化的。"他指着树木花草、林间溪水说："这些都是我永恒的朋友。"弄得竖琴制造家有点莫名其妙。

贝多芬站在小河边凝神谛听潺潺的流水声，他好像听溪水在讲述各种故事。他们走在古树参天的森林里，贝多芬抚摩着树干，好像对待久违的朋友一样。当他们来到山坡上的葡萄园边，贝多芬手扶着篱笆说："你看那些葡萄，一嘟噜一嘟噜的，它们是那么绰约多姿，是那么纯真，谁也不挤压谁，它们平等相处，没有一丝虚伪和欺诈，多么可爱啊！"有时他们走在明媚的阳光下，晒得身子很舒服，贝多芬又对客人说："我们常晒晒太阳有好处。这样身体才能健康，思想不至于发霉。"瑰丽的大自然不仅赐予了他无尽的灵感，同时也给了他无限的安慰。他曾经写道："我失聪的耳朵在这样美丽的自然中显得微不足道，这里似乎每一棵树都在跟我交谈，真是妙不可言！我一到乡下就会像个孩子一样快乐，因为又可以尽情在森林或田野中散步了，恐怕再也没有一个城里人像我这样愿意亲近大自然。”

1804年夏天，贝多芬住在多布林村乡间，学生里斯找他去上课。像往常一样，贝多芬先让里斯陪着他在田野的小路上散步。他们穿过丛林，沿着曲曲折折的小溪往前走。贝多芬一会儿好似对溪水说话，一会儿又冲着天上的白云微笑。他把自己整个都融入了大自然，山山水水好像都知道他在想什么，他在说什么。风吹云飘，树摇草动，花枝招展，他都知道万物在向他倾诉什么。有时贝多芬轻轻地哼着唱，有时则大喊大叫，声音忽高忽低。里斯也听不出一个明确的旋律，便问贝多芬：“你唱的这是什么呀？”

贝多芬笑笑说：“我想出一个奏鸣曲最后一个乐章的主题，太美妙了！”他笑得像个孩子。

这一天他们走得太远了，晚上八点多才回到住所。贝多芬一进房间，连帽子也没有摘，径直走到钢琴前面，铺开谱纸，拿起笔就写，勾勾画画，哼哼唱唱。里斯一个人坐在角落里，好似不存在一样。一个多小时过去了。贝多芬最后激动地放下笔，双手相互搓了搓，长出了一口气：“啊，终于完成了。”

里斯问他：“完成了什么？”贝多芬这时才想起里斯早晨来上课，一直陪到晚上，便抱歉地说：“刚才只顾着写《热情奏鸣曲》的最后一个乐章，忘了给你上课，真对不起，明天你再来吧！今天我还得工作一阵子。”

当天晚上，贝多芬对《热情奏鸣曲》又反复斟酌了几遍。

它和次年所作的《华尔特斯坦奏鸣曲》都取得了巨大成功。贝多芬在音乐创作上大胆创新，突破了前人陈规的限制。几乎当时所有的钢琴都难以弹奏贝多芬那神鬼莫测的乐曲，普通的钢琴只能弹奏轻快而华丽的乐曲，而对贝多芬那霹雳雷霆般的乐曲鞭长莫及。

不久之后，他从钢琴商人安德列斯·史特利的手中得到的那架性能更加优越、回声和弹性更大的钢琴，使这首《热情奏鸣曲》所表现的力量大大加强了，乐曲所表现出来的恢弘气势几乎压迫得听众喘不上气来，所以本来是不预备作公开演奏的，直至作曲家进入墓地后12年才浮出水面。

接着，贝多芬又写下了风格与《命运交响曲》、《英雄交响曲》截然不同的《第六交响曲》，也就是《田园交响曲》。它像是一幅宁静优雅的画卷，淋漓尽致地表现了自然界的美丽景色。这是贝多芬亲近大自然的结果。贝多芬不喜欢尘世的喧闹与浮躁，他经常邀请朋友去郊游，他以诗一般的语言向对方发出诚挚的邀请："你不想跟我一起去遨游大自然吗?那可是我们永恒的朋友。你不想在阴绿的树丛或古树参天的森林里倾听溪流的潺潺流水声吗?让我们在小山坡上葡萄园边晒太阳，尽情欣赏那无边的美景吧！"如今，《田园交响曲》的手稿依然保存在波恩贝多芬故居，我们可以从手稿上各个乐章的标题中，非常清楚地看出大自然与贝多芬的血肉联系。

第一乐章的标题是"到达乡村后被唤醒的愉快印象"；第二乐章是"溪畔风光"；第三乐章是"村民快乐的聚

会”；第四乐章是“暴风雨”；第五乐章是“牧人的歌，暴风雨过后愉快而感激的心情”。当乐队演奏第一章时，我们看到牧羊人在原野上出现了。他们悠闲地吹着牧笛，在草原上来来往往。乐曲令人欢欣，有如芬芳的晨风，成群的飞禽从头上鸣叫着飞过。忽而薄雾升起，云朵遮住了太阳。转瞬间，风吹云开，阳光又洒满了大地，林木泉水又沐浴着阳光。我们听第三乐章，眼前出现了古老的日尔曼农民们在劳动之后欢快地跳舞，小伙子跳得满头大汗，农妇们把发卷跳得散开，披在肩上，笑声、叫声、鼓掌声，欢乐到极点，兴奋到极点。就在这时，远处传来了隆隆雷声，暴风雨要来了。最后的乐章是写暴风雨过后，大地又恢复了宁静，牧人们再度出现在原野上，天色晴朗，歌声四起。可见《田园交响曲》是美妙的大自然，激起作曲家的波澜情愫，然后又把这种情愫变成激动人心的音符。它是树之风，林之雨，在贝多芬的心弦上所激起的壮美回响。

贝多芬构思《田园交响曲》时曾写过一些零星的不大连贯的笔记：“乐曲的情景让听众自己去发现。要有交响乐的特点，是对乡村生活的回忆。器乐中任何描绘如果走得太远都会失败。”

任何一个有过一点乡村生活的人，都不需要很多描述性标题就能想象出作曲家的意图。即使没有解释，人们也能理解它，因为它不是图画，而是对那种感受的记录。也就是说，贝多芬的乐曲，记录的都是当时对大自然的感受，是当时灵感激发的情绪。正因为如此，时至今日《田园交响曲》已成为全世界人民最喜爱的交响乐作品之一。

《田园交响曲》表达了热爱大自然这种全人类共有的感情。它好比春天里第一声惊雷，小草的第一棵绿芽，枝头第一朵春花。贝多芬通过乐曲告诉我们，人类是大自然的一部分，和大自然是密不可分的。但是这首乐曲最初却不被人们理解和欣赏，因为它在很大程度上打破了传统，而今天它已成为全世界最受欢迎的作品之一。

贝多芬的创作没有莫扎特、舒伯特那样迅捷。莫扎特是在头脑中把作品构思完整后再写出来；舒伯特是凭着灵感飞快地写作。莫扎特在24年中创作了50部交响曲及100首其他重要的作品；舒伯特一年可以写出150首歌曲。贝多芬和这些人比起来，是慢了些。但舒伯特仔细地研究了贝多芬的笔记本，发现贝多芬为一个主题花那么多力气，使他大吃一惊。

罗曼·罗兰在《贝多芬传》中说："所谓意志，就第二流的艺术家而言，是清醒地应用的、不冷不热的理性，但对贝多芬，则永远跟第一灵感一样，甚或显得更加天才横溢。""有数不清的草稿，说明他以怎样的执著和严格的自我批评精神，艰苦地、一层一层叠成这巨大的作品。"

贝多芬的创作完全是依靠笔记本。贝多芬的创作过程是长期投入的，他在平时有了灵感，记下某个乐思、某一个主题，然后反复思考、修改，写出很多变化形式；一个粗糙的构思，经过不断地修改、补充、完善，逐步成为一个完整的乐曲。

贝多芬经常同时写几个感情上差别很大的作品草稿。1804年6月2日，贝多芬在写《莱奥那拉》第二幕终章的草稿时，忽然插入了如下独白："6月2日，终章越来越简单了！”然后在《莱奥那拉》第二幕的草稿上，开始动手写《热情奏鸣曲》。一个作品的终章“越来越简单”，马上要结束。他立即开始创作在心中酝酿多年的另一首作品。

一位朋友曾经问贝多芬：“你在什么地方可以获得灵感？”贝多芬回答说：“我没法确切地回答这个问题。它们是不请自来的，常常是自发的。有时伴随着其他什么，当我漫步于森林中时，好像我能用手从空中抓住它们似的。有时乐思在寂静的深夜或清晨来临。这些灵感产生于被诗人翻译成语言时的那种情绪，而我则把这种情绪变幻成音乐。这些声音在我脑海里回响、咆哮，直到最后以音符的形式出现在我的面前为止。”

第六章

喜剧终于结束了

- 通向艺术事业的真正道路就在于孤独
- “它出自内心，但愿能够深入人心”
- 最后的歌唱
- 灵魂的安宁

通向艺术事业的真正道路就在于孤独

残酷的命运让贝多芬的一生与幸福和睦的家庭无缘，自从父母过世后，多少年来他阅尽人间悲伤，受尽世上苦难。

少年时代，由于心灵上的创伤，贝多芬立志把整个生命和全部精力献给音乐事业。后来，可怜的弟弟过世，临终前把儿子小卡尔托付给他。为了培养这个童年丧父的孩子，为了让自己心爱的弟弟瞑目，贝多芬几乎付出了他能给予的一切。可是生活竟然是如此的冷酷无情，小卡尔羽毛丰满后就不辞而别，投入了放荡母亲的怀抱。尽管贝多芬对侄子是那样无微不至的体贴、关心和爱护，但是依然没有战胜母亲的力量。况且按当时法律的规定，被监护者长大成人后，有权选择自己的归宿。贝多芬的一切努力都枉费了。

一个孤独的人纵有无边的好心，能救助别人，可救助不了自己。十年来贝多芬对卡尔的一片爱心和希望，就在这一天里完全毁灭了。几十年来，他只不过是在梦幻中充满希望地孤独地走着罢了。

贝多芬的身体一摇一晃，脚步颤颤微微，他几乎是

在失去知觉的状态下回到了住所。走进卧室，仆人忙安顿他躺到床上，伸手触摸他的额头，发现他并没有发烧，反而凉冰冰的。不放心的他请来了医生为主人看病，忙乱了一晚上，也没有诊断出是什么病来。医生只是说贝多芬在精神上受到了刺激，心情不太好。

忘掉过去的一切吧！经过了短暂的失望和迷茫，贝多芬很快就控制住了自己的情绪，恢复到了正常的创作状态。但是，卡尔跟着母亲约翰娜出走的事情还是不可避免地影响着贝多芬的身心健康。

他原来就不大结实的身体变得日渐消瘦，面色也更显苍白。创作和演奏时，体力和耐力都大不如前了，而且常常头晕目眩，甚至不止一次地昏厥过去。医生几次登门来为他看病，贝多芬却挥笔伏在乐谱上，拒绝让医生诊断。他在与命运搏斗，以超乎常人的毅力去战胜病魔，继续探索神秘的音乐世界。

在这些日子里，维也纳的上空充斥着靡靡之音。贝多芬的音乐开始受到冷遇，而一些内容浅薄的歌剧却大露其脸。这让贝多芬感到既气愤又痛苦。

"老师，您不要伤心，这些音乐的生命力是长久不了的，您的音乐一定会重放异彩。"贝多芬的助手辛德莱安慰道。"谢谢你，辛德莱，可是事实上，现在没有人了解什么是真正的音乐，最优秀的艺术已经处于危险的境地。那些贵族们除了看芭蕾舞以外，什么也不看，除了赛马和舞女以外，什么也不喜欢。这世道真是糟透了！"

辛德莱显然觉得贝多芬近来的情绪太悲观了。由于耳聋，再加上年老多病，贝多芬几乎断绝了同外界的一切交往，因而也看不到音乐界的希望。于是，辛德莱打算给贝多芬介绍从匈牙利来的弗朗茨·李斯特。辛德莱认为，或许李斯特的到来，能给贝多芬带来一个安慰，解除他的孤独和寂寞。

第二天，辛德莱敲开了贝多芬住所的门，领着一个相貌俊秀的孩子来到贝多芬的面前。“老师，这位就是我昨天说的那位小音乐家李斯特。”辛德莱在谈话本上写道。

贝多芬上上下下地打量了一番李斯特，目光中充满着爱意：“孩子，你今年几岁了？”

“11岁了，先生。”李斯特恭恭敬敬地回答道，接着，还把年龄写在了谈话本上。

“给我们弹点儿什么吧！李斯特。”尽管贝多芬知道自己什么也听不见，但还是这样要求。他相信自己的感觉和直觉，多少年来，他就是靠着这两种感觉，克服了一个又一个意想不到的困难。

李斯特坐到钢琴前，开始弹奏起贝多芬《C大调第一钢琴协奏曲》来。出人意料的是，少年李斯特以他独特的技艺和才华，用琴音表现出清晰明快而丰富多彩的感情，他竟然将贝多芬乐曲中所蕴涵的博大深厚的主题演绎得淋漓尽致。此时，贝多芬虽然已经失去了听觉，不过他单凭敏锐精明的目光，透过少年李斯特气定神闲的表情和娴熟的指法，就好像完全听到了自己的曲子的声音。贝多芬大为震惊，他心里明白，李斯特的演奏充满了美和活力，简直到了无懈可击的境地。

当他弹奏完第一乐章的时候，贝多芬有些激动地从沙

发上站了起来，用双手抱住了他说道：“孩子，你弹得太好了，你将会给其他人带来快乐和幸福！你不仅是匈牙利的天才，也是整个欧洲的天才！”“谢谢您，先生！”李斯特睁着一双大眼睛，望着这位仰慕已久的大师。

贝多芬没有说错，若干年后，李斯特果然以无可争议的演奏技巧雄踞欧洲钢琴演奏家的头一把交椅，被誉为欧洲的“钢琴之王”。

在打量着大师的同时，李斯特看着贝多芬简陋不堪的住所，欲言又止。在李斯特的心目中，贝多芬是一尊高大的音乐之神，是万人景仰的乐圣。在来拜望贝多芬的路上，他猜想贝多芬的家一定是一幢漂亮而又豪华的别墅，有着宽敞明亮的大客厅和一间间摆满了价值连城的古董的房间。种满花草的庭院里，奴仆成群，还有一位美丽的夫人在弹琴唱歌。

可是，到了这儿后，眼前的一切却与他想象的大相径庭。他万万没有想到，音乐大师贝多芬的家原来竟是这样的寒酸。只有一间小客厅和一间照不进阳光的琴房，房间里几乎没有什么像样的家具，全部家具就是一张旧木床和那架看上去显得与整个房间极不协调的钢琴。一位博得全世界听众赞赏的乐坛巨星，原来就是这样艰难地生活着，命运实在是太不公平了。

当李斯特嗫（niè）嚅（rú）着说出了自己对这住所的感受后，贝多芬默默地望着这位小客人，脸上却露出了坚毅的笑容："孩子，完成高尚而不朽的音乐事业，有时是需要付出代价的。我倒觉得，清贫也是一种幸福。出于良心的呼唤，出于人类的爱，我觉得幸福不应该是获取，而应该是不求回报的给予。"听了大师的一番话，李斯特闪动着眼睛，用力地点了点头。

突然，贝多芬停了一下，像是回答自己，喃喃地说道："也许，通向艺术事业的真正道路就是在于孤独。"

这句似乎是在无意中说出来的话，对于11岁的李斯特来说，也许太过深奥了。里面蕴藏的含义有多么深刻，恐怕也只有贝多芬本人能恰如其分地体会出来！正是在这无声的孤独中，贝多芬心灵深处的听觉才可能捕捉到另一个世界更为高远的声音，拉启了人间另一幕无与伦比的绝唱。

"它出自内心，但愿能够深入人心"

特别需要指出的是，从1817年开始，当贝多芬完全失聪后，他却在音乐的浴火中重生，进入了他的第三个创作阶段，达到了他艺术成就的最高峰。虽然耳聋使贝多芬不可能再弹奏钢琴和指挥乐队了，但这丝毫没有影响到他的创作。这个创作阶段整整延续了10年，这也是他生命的最后的一段时光。在这10年时间里，他创作了5首伟大的奏鸣曲、33首变奏曲和最后5首弦乐四重奏，此外还创作了自己最为杰出的作品，即宏伟的《庄严弥撒》和气势雄浑的《第九交响曲》。

1823年，雄心勃勃的贝多芬搬到维也纳郊外潜心创作《庄严弥撒》，这是他进入创作高峰期的第一部重要作品。曲谱完成后，他在这部作品的手稿扉页上亲笔写下了一句非常著名的题词："它出自内心，但愿能够深入人心。"

正如以上所言，这庄严的音乐确实完全出自他的心灵深处，是他与命运长期进行不懈抗争的结果。他在无边无际的灵魂世界中，顽强地坚持着他对人类和音乐的热爱。

不过，更激动人心的作品还在后面。

第二年，震惊世界的《第九交响曲》横空出世了。关于《第九交响曲》，贝多芬在此之前从不曾对人提到过只言片语。

实际上，这部交响曲是贝多芬在漫长的时光里在心中慢慢酝酿而成的。在年轻的时候，贝多芬曾经打算为席勒的《欢乐颂》谱曲，《欢乐颂》中所歌颂的自由与公正强烈地吸引着他。就在1822年秋天，贝多芬一边创作《庄严弥撒》，一边开始把多年的构思进行汇总，没人清楚他这个庞大的计划，这是深深隐藏于贝多芬心灵宫殿中的一个巨大秘密。

就在同时代的许多艺术家纷纷逃避现实，醉心于营造虚幻浪漫的气氛的时候，贝多芬却逆潮流而动，他勇敢地站了出来，面对时代的不幸和人类的苦难，用他行将完结的生命弹奏出了时代的最强音，这同时也是他生命的最后一个音符。

《第九交响曲》最集中地体现了贝多芬的思想境界和艺术理想，表达了对全人类发自内心的爱。在乐曲中自由和解放、胜利和欢乐、团结和友爱交织在一起。《第九交响曲》

体现了贝多芬对光明的热烈向往，它的核心便是那句世人皆知的“人人皆兄弟”。这部交响曲在贝多芬的作品中占有特别突出的地位，其重要性尤在《英雄交响曲》和《命运交响曲》之上，是他一生中交响曲创作伟大成就的总结。

1824年，这部伟大的作品完成的消息传出后，整个音乐界为之震惊，维也纳有三十多位著名人士联名写信，恳求贝多芬把首演的地点设在维也纳，信中充满了对贝多芬的无限爱戴和诚挚的请求：

“在您的第二故乡维也纳，广大人民十分钦佩、崇拜您的惊世才华。请您不要拒绝如此热情的人民的美意，大家期待着看到您手中最近完成的杰作，不要辜负了维也纳公众渴望最先欣赏到至善至美、辉煌伟大的作品的迫切心情。我们万分诚恳地请求您把这部光辉的作品，交给培养过莫扎特、海顿等大师的维也纳人民，您和诸位大师的名字将一起载入史册，万古流芳。”

贝多芬看完信后，感动得老泪纵横，当即答应了他们的请求，准备在维也纳最好的皇家剧院里举办一场盛大的音乐会，上演刚刚完成的《第九交响曲》。

消息一经传出，朋友们欢呼雀跃，并且立刻四处奔走着手进行准备。

对于一些琐碎具体的问题，例如，票价多少、哪个乐队担当演奏、由谁主唱、排练次数等，年迈的贝多芬没有精力顾及这些，所以总是拿不定主意。为尽快让事情尘埃落定，朋友们商定好了之后一起到他家去，但不让贝多芬知道他们事先已商量好了。

一天下午，里赫诺夫斯基公爵和小提琴手舒潘奇一起来到贝多芬的家里。舒潘奇提出的第一个问题，就使贝多芬非常不高兴。他问："交响曲抄完了吗?这是最后期限了。"

贝多芬听了，面无表情，只是撇了撇嘴，表示不满。

按照当时音乐界和出版界的惯例，作曲家的大型乐曲写完后，要交给专门的抄谱工场重抄，然后由出版商出版发售。在两星期之前，贝多芬已经把手稿交了出去，贝多芬特别不喜欢别人向他催稿。舒潘奇没有注意到贝多芬阴暗的脸色，继续催促道："您应该在自己家里随便雇个人抄写，这样会快一些。"

贝多芬没有理睬他，而是不自然地扭了扭粗壮的脖子。

里赫诺夫斯基公爵也不知趣地在一旁插话说道："您仔细掂量一下到底需要多少演员，男的多少?女的多少?票价定在什么价位比较合适?还有，我们需要排练几次?这都需要您马上定下来，再拖就晚了。"

这些琐碎的问题使贝多芬心烦无比，他一直皱着眉头，

一言不发。这时，辛德莱也急急忙忙地跑来了，一进门，他就连珠炮似的问："老师，您的乐谱抄完了吗?票价定了吗?还

有……”

贝多芬更加烦躁了，便站起来，在屋里走来走去，然后极不痛快地说：“今天就谈到这里吧，我不想再说这些烦心事了。明天我们有时间到饭馆边吃边谈。”

三个人互相对视了一眼，他们熟知贝多芬的脾气秉性，无可奈何地摇了摇头，起身告别离去。

当他们刚一出门，天性敏感的贝多芬突然感到，今天这三个人和平时的神色不大一样，有点古里古怪的，他们在不同时间出现，却提出完全相同的问题，而且他们的口气也真是奇怪。贝多芬怀疑他们是不是有什么事情瞒着自己，难道他们在耍什么阴谋诡计？这可是他最信得过的几个人。贝多芬越想越生气，忍不住怒火中烧，于是飞快地写了3封信，分别寄给三个人。

“里赫诺夫斯基公爵，您再次让我失望了，我鄙视故弄玄虚，您以后别再到我这里来了，我只欢迎光明磊落的人。还有，我决定音乐会不开了。”

“舒潘奇先生，以后不用再见我了，您使我心烦，另外我正式通知您，我不举办音乐会了。”

“辛德莱，音乐会不开了。我也请您别再来见我了，除非我通知您。”

不过，贝多芬的气很快就消了。两天后，他冷静下来，又把辛德莱请了过来，深知老师脾气的辛德莱并不介意，两人又开始商议音乐会的事了，就如同什么事情也没有发生过一样。

最后的歌唱

经过一番周密的准备，一切都安排妥当，万事俱备，只欠东风。辛德莱事后曾回忆说：“演出前的工作就像一位元帅部署一场重大的战役一样，我们花了整整一星期的时间做准备。”

这场即将到来的盛大演出，牵动着整个维也纳。从皇帝贵族到平民百姓，几乎是妇孺皆知。当地报纸天天整版登载有关这次演出准备的情况，不厌其烦地介绍和评论着贝多芬和他的作品。

剧院的售票处排着长龙一样的队伍，许多人为观看这场演山，推迟甚至放弃了旅行和休假，有的人为买一张门票甚至典当祖传的纪念品。一切都是那么令人兴奋，所有的人都翘首以待这一天的来临。

1824年5月7日，音乐史上一个值得纪念的日子，演出的大幕终于拉开。这场演出动用了百人之多的交响乐团，这在当时的音乐界可是一个天文数字。

整个剧院里人头攒动，所有的位置都坐满了，连走廊里都挤得水泄不通。要知道，在一般情况下，皇家剧院是不允许过道里有人的。

演出开始了，贝多芬似乎是完全摆脱了指挥《费德里奥》失利的阴影，他站在指挥台上，亲自指挥。随着乐曲的不断变幻，只见他在台上激动地跑来跑去，一会儿把手臂高高举起，一会儿又蹲坐在地下。

贝多芬的心灵完全飞翔了起来，他貌似癫狂、手舞足蹈，仿佛要独自演奏所有的乐器，代替整个交响乐队。但实际上，里赫诺夫斯基公爵等人为了照顾贝多芬的自尊心，在他身后设置了一个真正的指挥，乐队队员只跟着他的指挥棒演奏。

观众们耳听着奇妙而雄壮的音乐，眼看着天神下凡一样的贝多芬，心情十分激动，掌声一浪高过一浪，甚至当交响曲进行到第二乐章时，乐队的演奏被掌声完全打断，不得不重新演奏。

人们实在无法想象，一个耳聋多年的人，竟然能创作出如此瑰丽辉煌、充满想象力的宏伟乐章！他们并不能体会贝多芬这么多年来是如何与命运抗争，如何在无声的世界中一步步地登上音乐艺术巅峰的。

但是贝多芬终于发现所有演员和乐手只把目光对准他身后的方向，他回头看见了那个指挥家，同时也明白了自己的指挥并不起任何作用的时候，他黯然地退了下去，坐在旁边为他专设的椅子上，默默地观赏演出。他想起了1778年的时候，年幼的他第一次登台亮相，那时的他无比地兴奋和紧张……此刻，他感觉自己如同一只老得跑不动的狮子，又如同一位卸甲归田的老兵，贝多芬禁不住泪眼婆娑！

虽然不能亲自指挥，他却能从观众的表情里推测出他们的反应。观众的情绪随着乐曲的进行越来越热烈了，当演出进行到终曲，一首天籁般的《欢乐颂》响起来的时候，许多观众近乎癫狂了，他们不顾礼节情不自禁地站了起来，和着音乐的节拍和歌手一齐唱了起来，顿时全场爆发出雄壮而又嘹亮的歌声。

贝多芬此刻仍然坐在椅子上，满怀惊喜地看着那些疯狂的观众。

当最后一个音符从空中飘过的时候，一阵暴风雨般的掌声响彻整个大厅，观众们异口同声地高呼："贝多芬万岁!"

而贝多芬这时正在跟一个乐手用笔记本交谈，他根本不知道周围是怎样的情景。辛德莱赶忙走上前去，再三示意他到台前去谢幕。贝多芬愣了好半天才反应过来，于是笨手笨脚地走到台前，真诚地向疯狂的观众鞠躬行礼。

此刻的贝多芬眼里充满了幸福的泪光，他的心里从未像今天这样畅快过，虽然观众的掌声和欢呼声他一点儿也听不到，但他能感受到大家无比的热情。于是他站在那里，一次又一次地向观众鞠躬、鞠躬……

观众的掌声始终没有停下，而且更加热烈了，雷鸣般的掌声终于要掀翻剧院的屋顶，他们为自己不仅能在有生之年亲耳聆听这部杰作的首演，而且能亲眼目睹这首乐曲的伟大作者而感到无比的激动与幸福!

在成功地演出了《第九交响曲后》，贝多芬感到精疲力竭，他隐隐约约听到了上帝的召唤。他心里非常清楚，这么多年的经历几乎耗费了自己全部的精力，恐怕他再也无法像过去那样充满狂热的激情进行音乐创作了。明白自己已经走到了生命的尽头，贝多芬十分不甘心。在他心中，还有一系列未完成的计划，《第十交响曲》、《纪念巴赫的前奏曲》，为歌德伟大的诗剧《浮士德》谱曲等等。这些，他都希望能够在有生之年奉献给听众。

在1824年9月17日写给朋友的信中，贝多芬说道："艺术之神还不愿死亡太早把我带走，因为我对音乐负欠甚多!在我

离开人间出发去天国之前，必须得把神灵启示我要我完成的东西留给后人，我觉得我以前写的不过是几个音符罢了。”

可惜的是，雄心勃勃的贝多芬有心杀敌、无力回天，他那极度虚弱的身体终没能使他如愿以偿。从1826年冬天开始，贝多芬已是百病交加，他甚至连生活都无法自理，只能躺在病榻上苦苦挣扎了。

灵魂的安宁

1827年的3月，初春的维也纳没有丝毫的暖意，外面雨雪交加，贝多芬的生命也走到了尽头。23日这一天，布鲁宁匆匆赶来探视贝多芬。只见他虚弱无力地躺在床上，大口大口地喘着气，说不出一句话来，额头上不停地渗出汗珠。布鲁宁劝贝多芬道：“在您神智清醒的时候应该考虑一下遗嘱的事情。”

贝多芬同意了。他平静地签署了遗嘱，在纸上写道：“我亲爱的侄儿卡尔，是唯一的合法继承人。我的全部遗产，毫无疑问完全归卡尔继承，特立此遗嘱为凭。”

立完遗嘱，贝多芬对在场的布鲁宁和辛德莱说：“鼓掌吧，朋友!喜剧终于结束了。”这是他一生最后的名言。

不一会儿，贝多芬脸上掠过一丝笑容，把纸和笔吃力地递给辛德莱，有气无力地说：“拿去吧，这是我最后的作品。”

两个人迫不及待地拿来一看，是一只短曲，曲中翻来

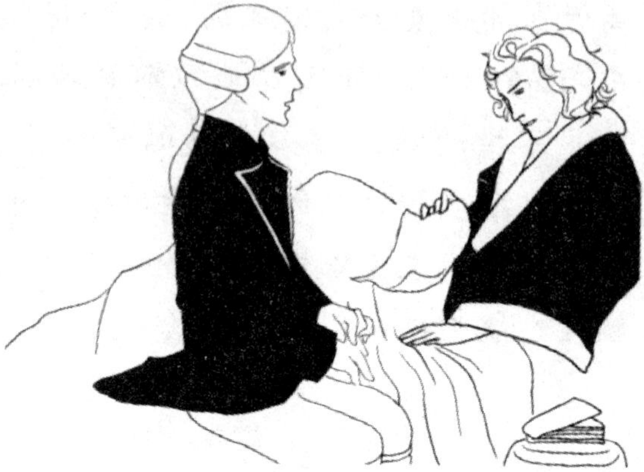

覆去重复着几个音符："孤独，孤独，……"

是的，这个伟大的人即将走完他艰难困苦而又孤独寂寞的一生了。

1827年3月26日，寒风凛冽，冰雪交加，刺骨的北风从维也纳上空吹过。残冬即将过去，春天已经悄悄加快了脚步。当人们如往常一样奔忙的时候，在老城墙西，灰黑色的西班牙公寓二楼，贝多芬躺在一张床上，已经奄奄一息、神志不清了。这天下午5点，布鲁宁眼看着贝多芬的生命之火就要熄灭，赶忙把神父请来，好让贝多芬接受最后的洗礼。

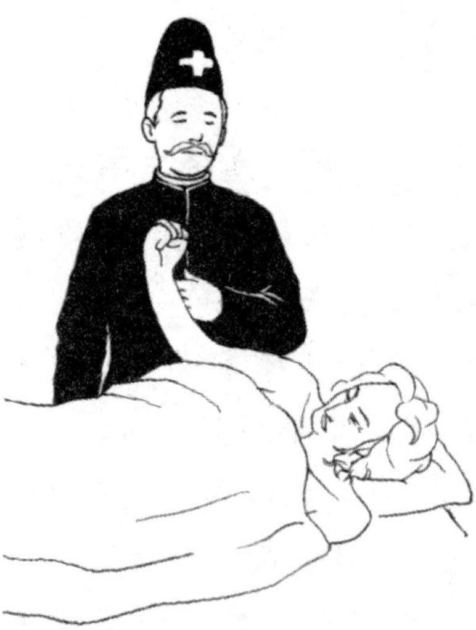

仪式结束以后，早已无法开口的贝多芬忽然面带淡淡的微笑，说："神父，谢谢你！"贝多芬缓慢地睁开双眼，伸出右手，握紧拳头，向天空的方向凝视了几秒钟。随后，他的手就慢慢垂落在床边，眼神渐渐暗淡下去。据当时在场的一位作曲家回忆，贝多芬躺在床上，已经没有知觉，只是微弱地呼吸着。"突然间，响起了一阵震耳欲聋的雷声……贝多芬睁开了双眼，伸手想要去攥住什么东西……当他的手坠落在床上时，双目已经合上了……他的呼吸停止了，心也不再跳了！这位伟大的作曲家的灵魂离开了令他痛苦的人世，登上了音乐的极乐世界。”

1827年3月26日下午5点45分，西方最明亮的艺术之星陨落了。贝多芬在贫苦交加中度过了自己的一生，享年57岁。这时，维也纳大教堂的塔楼上传来一阵沉重肃穆的钟声，好像是为了送这位大师的灵魂回归天堂。

“感谢上帝！为他结束了这长时期的悲惨的苦难。”布鲁宁说。

贝多芬安息了，他的英名和他的音乐却永垂不朽！

三天以后，也就是1827年3月29日，维也纳的政府和人民以隆重的仪式为伟大的贝多芬送葬。这一天的天气和前三天大不一样，上帝仁慈地把笼罩在维也纳上空的阴霾一扫而净，此时市区的街道上春风拂面，感觉不到一点寒意。沉浸在悲痛中的人们，早早就聚在街头，要为贝多芬送行，献上最后的敬意。那一刻，所有沉浸在悲痛中的人们都在心里默默地祈祷，祝愿他们所崇敬和爱戴的伟大音乐家能够在天国找到幸福。

这一天，为了表示对已故大师的哀悼，维也纳所有的学校都放假。参加送殡的人真是数不胜数，光是前来一睹贝多芬遗容、向死者致以最后敬意的市民就达数万之多，维持治安的警察根本无法控制场面。

贝多芬的葬礼可以说是全国最盛大最隆重的，是拿破仑占领维也纳以来从未有过的壮观场景。与36年前“神童”莫扎特的葬礼相比，更加隆重得多。莫扎特的葬礼只有寥寥数人参加，并没有引起多少人的关注。而且在莫扎特送葬队伍行进的途中，突然下起一阵大雨雪，送葬的人又慌乱地躲进了家中，只剩下莫扎特被丢在墓地里，而他却是一位并不逊色于任何人的天才音乐家、艺术的神童。

1827年贝多芬的葬礼就大不相同了。维也纳无数的人肃立默哀，并低下了他们高贵的头。我们不得不由衷地感叹，世界真的变了……贝多芬通过音乐默默地改变了世界。这不是因为别的，而是因为贝多芬的音乐中包含着一股不可思议的力量，这种力量感动了所有的人。

丧礼主持人是贝多芬的挚友布鲁宁。仪式上，由一位著名演员动情地朗诵了著名诗人格里尔帕策写的悼词，悼词用最美好、最虔诚的语言赞美了贝多芬不平凡的一生以及他那空前绝后的音乐艺术。悼词最后的部分这样写道：

“……高贵的音乐艺术的传播者。他是前辈光荣传统的继承者，是亨德尔、巴赫、海顿、莫扎特伟大艺术的发展者，如今他结束了自己那历尽沧桑的一生。我们悲从中来，禁不住泪如雨下，与那断了的琴弦一起站在他即将消逝的美妙歌声面前。他是一位真正的艺术家，他的一举一动无不都是为了艺术，他的生命毫无保留地奉献给了音乐以及他所爱的人……人生的荆棘一再狠狠地刺他，他却不以为意。他就像一个好不容易才到达海岸边的遇难人，被善与真两姐妹挽住手臂，逃离了汪洋大海的灭顶之灾。上苍所赐的音乐，才是他苦难中唯一的避难所。

“他是一位无与伦比的艺术家，谁能与他相比肩呢？他就像《圣经》中的怪兽那样无所不能，在大海中不停地翻滚奔涌。他在艺术的领域中纵情驰骋。他凭借着独特的手法，充满奇想的创意，以他无视法则随心所欲的曲风，准确地捕捉了小至鸽子的呜咽啜泣，大至雷电的惊天轰响。

“但是，跟随着我们的人们，不要让你们的心感到哀伤！你们并没有失去他，相反是赢得了他。活着的人不可能进入不朽者的殿堂，只有当污秽的肉体消亡后，它的大门才会对死者高洁的灵魂打开。你们现在哀悼的人，从此将与我们这个时代最伟大的人物站在一起。如果你们能够在即将到来的时代里感受他作品的魅力，体会到那横扫一切、排山倒海的力量，并与子孙后代分享心中无法抑制的狂喜时，你们会想起此时此刻，你们会自豪地说：当他被埋葬时，我们在他身旁，当他去世时，我们都在哭泣。”

整个仪式结束后，天色已经暗了下来，夜幕就要降临了。送葬的人们仍然依依不舍，他们目送着灵柩徐徐降入墓穴。按着祖辈传下来的习俗，靠近的人将泥土送入墓穴，熄灭了一直为死者点燃的火炬。

一个伟大的灵魂从此得到了永远的安宁。

贝多芬不愧为伟大的艺术家，回顾他的一生，即使在生命结束之前也没有自怨自艾，没有心灰意冷，而是努力把自己仅有的力量奉献给崇高的艺术事业。贝多芬的一生是战胜贫穷、痛苦、多灾多难和不幸命运的一生，也是追求光明、自由、平等、民主、博爱和高尚的艺术境界的一生。

大师的风采将永远屹立在这个世界之上！

贝·多芬 生平大事年表

1770年 12月17日 贝多芬出世。

1778年 3月26日 “六岁童星”首次登台公演。

1782年 通过弗兰茨·盖哈尔德·维格勒结识了封·布鲁宁一家。根据德莱斯勒尔的一首进行曲所作的九首变奏曲在曼海姆出版。

1784年 6年27日 成为波恩宫廷乐队的正式成员。

1787年 3月至4月 首次去维也纳旅行，与莫扎特会面。7月17日，其母因肺结核病故。

1791年 3月6日 演出一首骑士芭蕾舞的配乐。

1792年 11月2日 开始第二次维也纳之行。至1793年底师从海顿。12月18日，其父在波恩去世。

1793年 在里赫诺夫斯基亲王举办的家庭晚会上首次演出三首三重奏（作品1号）。

1794年 寓居里赫诺夫斯基亲王家中。

1795年 3月29日 首次在维也纳公演。

1797年 4月6日 在小提琴手、友人舒潘策希举办的音乐会上首次演出五重奏(作品16号)。5月开始结识特蕾泽和约瑟菲妮·封·布伦什维克。

1798年 出现最初耳疾症状。

1800年 4月2日 在胡浮堡皇宫剧院举办首场个人音乐会，首次上演《第一交响曲》和《管弦乐七重奏》（作品20号）。

1801年 爱上朱丽叶塔·桂察尔迪。6年1日和11月16日，先后写信向友人阿芒达和韦格勒披露日渐重听的实情。

1802年 10月6日和10日 在海利根施塔特写下遗嘱。

1803年 4月5日 在维也纳歌剧院举办音乐会，首次上演《第二交响曲》和《第三钢琴协奏曲》。夏在巴登和德普林谱写《英雄交响曲》。开始向奥地利鲁道夫大公爵传授钢琴演奏技巧和音乐理论。

1804年 秋天至1807年底，与约瑟菲妮·封·戴姆相爱。

1805年 4月7日 首次公演《第三交响曲(英雄)》。11月20日，首次上演《费德里奥》。

1807年 3月 在格布科维茨亲王宫邸举办专场音乐会，首次演出《第四交响曲》、《科里奥兰序曲》和《第四钢琴协奏曲》。

1808年 10月 吉罗姆·波拿巴王室聘请贝多芬前往卡塞尔。12月22日，在维也纳歌剧院举办音乐会，首次上演《第五交响曲》、《第六交响曲》和《合唱幻想曲》（作品80号）。

1810年 春，爱上特蕾泽·封·玛尔法蒂。

1812年 7月19日至23日 在泰普里茨与歌德多次会晤。

1813年 夏，逗留于巴登。12月8日，在维也纳大学礼堂举办音乐会，首次上演《第七交响曲》和《战争交响曲》。

1814年 2月27日 首次上演《第八交响曲》。4月，结识安东·申德勒。5月23日，首次上演《费德里奥》第三曲本。11月29日为维也纳会议与会者举办盛大音乐会。

1817年 夏，在海利根施塔特和努多夫逗留。

1818年 夏，在默德林逗留。

1819年 安东·申德勒成为贝多芬的助手。开始用“谈话册”与人交谈。

1820年 4月8日 成为侄子卡尔的唯一监护人。夏，逗留于默德林。

1821年 夏，逗留于德普林和巴登。患黄疸病。

1822年 11月9日 俄国的尼古劳斯·伽列青亲王约请贝多芬写三首弦乐四重奏。

1823年 夏，逗留于赫岑多夫和巴登。

1824年 5月7日 首次上演《第九交响曲》。

1826年 3月21日 首次公演作品130号四重奏，该曲末乐章为《大赋格》。7月30日，侄子卡尔企图自杀。9月29日，动身去弟弟约翰的住地格耐克森多夫。12月2日，返回维也纳，贝多芬病情严重，患有肺炎、肝硬化和腹水症。12月20日，第一次腹腔穿刺。

1827年 1月3日 写下遗嘱。3月26日下午5时45分，贝多芬逝世。